essentials

essentials liefern aktuelles Wissen in konzentrierter Form. Die Essenz dessen, worauf es als „State-of-the-Art" in der gegenwärtigen Fachdiskussion oder in der Praxis ankommt. *essentials* informieren schnell, unkompliziert und verständlich

- als Einführung in ein aktuelles Thema aus Ihrem Fachgebiet
- als Einstieg in ein für Sie noch unbekanntes Themenfeld
- als Einblick, um zum Thema mitreden zu können

Die Bücher in elektronischer und gedruckter Form bringen das Expertenwissen von Springer-Fachautoren kompakt zur Darstellung. Sie sind besonders für die Nutzung als eBook auf Tablet-PCs, eBook-Readern und Smartphones geeignet. *essentials:* Wissensbausteine aus den Wirtschafts-, Sozial- und Geisteswissenschaften, aus Technik und Naturwissenschaften sowie aus Medizin, Psychologie und Gesundheitsberufen. Von renommierten Autoren aller Springer-Verlagsmarken.

Weitere Bände in dieser Reihe http://www.springer.com/series/13088

Ulrike Buchholz · Susanne Knorre

Interne Kommunikation in agilen Unternehmen

Eine Einführung

Prof. Dr. Ulrike Buchholz
Hochschule Hannover
Hannover, Deutschland

Prof. Dr. Susanne Knorre
Hochschule Osnabrück
Osnabrück, Deutschland

ISSN 2197-6708 ISSN 2197-6716 (electronic)
essentials
ISBN 978-3-658-16976-3 ISBN 978-3-658-16977-0 (eBook)
DOI 10.1007/978-3-658-16977-0

Die Deutsche Nationalbibliothek verzeichnet diese Publikation in der Deutschen Nationalbibliografie; detaillierte bibliografische Daten sind im Internet über http://dnb.d-nb.de abrufbar.

Springer Gabler
© Springer Fachmedien Wiesbaden GmbH 2017

Gedruckt auf säurefreiem und chlorfrei gebleichtem Papier

Springer Gabler ist Teil von Springer Nature
Die eingetragene Gesellschaft ist Springer Fachmedien Wiesbaden GmbH
Die Anschrift der Gesellschaft ist: Abraham-Lincoln-Str. 46, 65189 Wiesbaden, Germany

Was Sie in diesem *essential* finden können

- Neue konzeptionelle Überlegungen für die Managementfunktion „Interne Kommunikation"
- Eine Einführung in das Agilitätskonzept insbesondere als Organisations-, Führungs- und Kommunikationskonzept
- Eine Erweiterung des Leadership-Modells inklusive der damit verbundenen kommunikativen Aufgaben
- Eine neue Definition des Beitrags der internen Kommunikation im Wertschöpfungsprozess

Inhaltsverzeichnis

1 Einleitung 1

2 Unternehmensführung in einem volatilen Umfeld:
   Herausforderungen der internen Kommunikation
   als Führungsaufgabe und führungsunterstützende
   Managementdisziplin 5

3 Agilität als Handlungs- und Führungskonzept:
   Kontingente Strategien, schnelle Richtungswechsel
   und flexible interne Ressourcen 9
   3.1 Kollaboration als Basisvoraussetzung von Agilität 10
   3.2 Vielfalt gefördert durch Vernetzung 11
   3.3 Wachsamkeit gefördert durch Leadership 12

4 Agilität als Organisationskonzept: Hierarchische
   und heterarchische Organisationsformen als
   Bezugspunkt der internen Kommunikation 15
   4.1 Hierarchische Organisationsformen: Interne
        Kommunikation zwischen Alignment und
        Ressourcenentwicklung 16
   4.2 Zwei Steuerungssysteme in einer Organisation:
        Zur Parallelität von Hierarchie und Heterarchie 17
   4.3 Netzwerkorganisation: Selbstständige Einheiten
        mit gemeinsamen Zielen 18

5 Agilität als Erweiterung des Leadership-Konzepts: Transformational-agiler Stil und Führungskommunikation als integrierter Handlungsrahmen 23
   5.1 Inkrementell-iterative Führung 24
   5.2 Rekursive Führung 25
   5.3 Diskursive Führung 25

6 Kommunikation unter VUCA-Bedingungen: Der Beitrag des internen Kommunikationsmanagements zur strategischen Agilität 27
   6.1 Orientierungssicherheit durch interne Kommunikation 28
   6.2 Unterstützung von organisationaler Wachsamkeit und (Selbst-)Beobachtung 30
   6.3 Unterstützung von Leadership 31
   6.4 Unterstützung von Vernetzung 32

7 Netzwerke in und von Unternehmen: Ein Ausblick auf die Netzwerkkommunikation als Erweiterung der internen Unternehmenskommunikation 35

8 Schluss 39

Literatur 43

Einleitung 1

Der Begriff der Agilität wird in jüngerer Zeit in der Praktikerliteratur vermehrt aufgegriffen (etwa Nowotny 2016; Anderson und Uhlig 2015; Lang et al. 2015; Scherber und Lang 2015a, b). Als Paradigma der Unternehmensführung ist sie in der Praxis inzwischen in vielfältiger Form zu beobachten. Die Praxisrelevanz des Agilitätskonzepts zeigt sich auf einer Meta-Ebene ebenfalls durch das Verhalten der global agierenden Unternehmensberatungen, die das Themenfeld unter den Begriffen Business Agility, Strategic Agility oder Enterprise Agility seit einigen Jahren belegen und mit eigenen Befragungen und anderen Erhebungen empirisch untermauern (ACE 2010; Capgemini 2012; Deloitte 2015). So beschäftigen sich die unter den Top-Ten der weltweit umsatzstärksten Unternehmensberatungen angesiedelten fünf Unternehmen ohne IT-Fokus, namentlich Deloitte, PwC, Accenture, EY und Capgemini, in ihren Veröffentlichungen ausdrücklich mit dem Themenfeld der Agilität (statista 2016).

Als Desiderat der Management- und Führungslehre ist Agilität außerdem insbesondere in der angelsächsisch geprägten Managementlehre Gegenstand von quantitativen wie qualitativen Erhebungen. Während sich führende Business Schools (insb. Harvard Business School oder INSEAD) im Schwerpunkt auf Fallstudien und Interviews stützen, finden sich quantitative Befragungen von internationalen Managern (PMI 2012) hauptsächlich in Projekten am MIT (Conforto et al. 2014).

Der wissenschaftliche Diskurs insbesondere in den Sozial- und Wirtschaftswissenschaften wird hingegen schon länger geführt, ohne dass er sich anfangs nachhaltig in der praktischen Unternehmensführung niedergeschlagen hätte. In der Literatur wird der Begriff jedoch seit rund 20 Jahren mit der Organisationslehre verknüpft und das Konzept dort erforscht, erweitert und verändert (Förster und Wendler 2012, S. 1). Erste Ansätze gab es bereits weit vorher (ebd.), wobei der Begriff zunächst auf das (IT-)Projektmanagement beschränkt war.

© Springer Fachmedien Wiesbaden GmbH 2017
U. Buchholz und S. Knorre, *Interne Kommunikation in agilen Unternehmen*, essentials, DOI 10.1007/978-3-658-16977-0_1

Agilität als Handlungsmaxime gewinnt in der Unternehmensführung inzwischen deshalb zunehmend Aufmerksamkeit, weil Unternehmen in einer sich immer schneller verändernden und unsicheren Welt neue Strategien benötigen, um weiterhin im Wettbewerb überleben und gedeihen zu können. Eine Befragung unter rund 500 Topmanagern aus Europa (vgl. ACE 2010) ergab, dass fast alle Agilität als Differenzierungsmerkmal und kritischen Erfolgsfaktor betrachten und die Mehrheit die Agilität ihrer Unternehmen deutlich steigern will. Die Studie zeigte auch, dass agile Unternehmen innovativer sind und in ihrer Branche das Tempo angeben.

Die aktuell in vielen Unternehmen noch vorherrschenden meist starren, oft streng hierarchisch angelegten Organisationsstrukturen und die darin weitgehend formalisiert ablaufenden Prozesse können den zunehmend komplexer werdenden Herausforderungen und Aufgabenstellungen einer VUCA-Welt (volatility, uncertainty, complexity, ambiguity) mit ihren Unwägbarkeiten, mehrdeutigen Situationen und oft unvorhersehbaren Entwicklungen kaum noch gerecht werden. Es werden innovative und auf singuläre Situationen ausgerichtete, nicht selten unkonventionelle Lösungen benötigt. Wettbewerbsvorteile generieren sich im Prinzip der Agilität aus der Fähigkeit, Veränderungen durch Geschwindigkeit, Flexibilität und Entschlossenheit proaktiv zu nutzen. Die klassischen Modelle werden deshalb wohl immer weniger mithalten können.

Agilität als Managementkonzept erfasst die Team-, Projekt- und Unternehmensebene gleichermaßen und oft auch gleichzeitig. Unter den Bedingungen der VUCA-Welt entwickeln sich vielfältige hybride Handlungsformen, die zwischen Planung und situativem agilen Handeln, zwischen Hierarchie und Heterarchie angesiedelt sind. Agilität ist aus dem (IT-)Projektmanagement kommend zwar Methoden getrieben, als Führungskonzept aber vorrangig als Haltung bzw. strategisches Grundverständnis der Führungshandelnden zu verstehen und schlägt sich in einem erweiterten Leadership-Konzept nieder.

Führungshandeln unter der Maxime dieses strategischen Grundverständnisses wird immer wieder als der wichtigste Hebel für Agilität genannt (vgl. etwa ACE 2010). Ein weiterer bedeutender Aspekt ist die Fähigkeit, im Unternehmen kontinuierlich neue Ideen zu entwickeln, also ein Höchstmaß an Innovationen hervorzubringen. Veränderung und Erneuerung ist in agilen Unternehmen Standard und erfordert von allen Beteiligten eine hohe Aufmerksamkeit und Wachsamkeit, was unabdingbar verknüpft ist mit dem Willen zur Zusammenarbeit und Vernetzung.

Damit ist die Kommunikation innerhalb von Unternehmen sowie zwischen den Mitarbeitenden und Führungskräften und den Bezugsgruppen außerhalb des Unternehmens eine Bedingung für die erfolgreiche Gestaltung von Agilität. Es ist wesentlich, Markttrends rechtzeitig zu identifizieren und intern zu kommunizieren sowie für den Ideenaustausch einen unternehmensinternen Dialog in Gang zu setzen und zu pflegen. Nachvollziehbarkeit und Glaubwürdigkeit im Führungshandeln bzw. -kommunizieren, nicht zuletzt in hybriden Führungsstilen bzw. Handlungsformen, fördern die notwendige Geschwindigkeit der Entscheidungsfindung und der Umsetzung in mehrdeutigen und komplexen Situationen. Daher kommt der Internen Kommunikation als Managementfunktion[1] eine besondere Rolle bei der Förderung von Zusammenarbeit und bei der Unterstützung von Vernetzung zu.

Sowohl in der Praktikerliteratur wie auch in den genannten Studien und Untersuchungen zur Agilität sowie im wissenschaftlichen Diskurs der Managementlehre werden Information und Kommunikation stets als die zentralen Aktionen beschrieben, die unabdingbar für die erfolgreiche Unternehmensführung im Zeichen der Agilität sind. Aber sie werden in den Veröffentlichungen nicht formal in das Führungshandeln eingeordnet oder Unternehmensfunktionen zugewiesen.

Das vorliegende *essential* versucht, diese Lücke zu schließen. Es liefert eine Einführung in das Agilitätskonzept insbesondere als Organisations-, Führungs- und Kommunikationskonzept und definiert den Beitrag der internen Kommunikation im Rahmen dieses Konzepts neu. Mit Blick eben auf agile Organisationen liegt ein spezieller Aspekt dabei auf dem Zusammenspiel von hierarchischen und heterarchischen Strukturen, wobei der Netzwerkorganisation besondere Aufmerksamkeit gewidmet wird. Das führt zu einer neuen Verortung der Funktion der Internen Kommunikation in das General Management.

---

[1]Wenn im folgenden die Managementfunktion adressiert ist, werden die Begriffe Interne Kommunikation oder Interne Unternehmenskommunikation groß geschrieben.

Unternehmensführung in einem volatilen Umfeld: Herausforderungen der internen Kommunikation als Führungsaufgabe und führungsunterstützende Managementdisziplin

2

Die Herausforderungen der globalisierten Welt fordern Unternehmen entlang ihrer Wertschöpfungskette auf ganz besondere Weise. Die global zu beobachtenden Finanz- und Wirtschaftskrisen der letzten Jahre haben insbesondere in der Praxis eine Diskussion darüber ausgelöst, wie sich Organisationen auf ein Umfeld einstellen können, das in fast jeder Hinsicht unsicher und unübersichtlich geworden ist. Dieses veränderte Umfeld wird häufig mit den Merkmalen „volatility, uncertainty, complexity, ambiguity", kurz VUCA, beschrieben.

Kennzeichnend für diese sogenannte VUCA-Welt ist vor allem ihre Komplexität (complexity), deren Muster nicht wiederholbar, deren Akteure nicht kontrollierbar und deren vielschichtige Dimensionen und Auswirkungen nicht voraussagbar sind (Mack et al. 2016, S. 61). Kausalitäten sind dementsprechend unklar bzw. mehrdeutig oder widersprüchlich (ambiguity), ohne dass allerdings eine ihnen zugrunde liegende Logik ausgeschlossen werden kann. Sie können regelmäßig erst im Nachhinein erklärt werden. Wann sich eine Veränderung anbahnt und wie sie dimensioniert ist, ist unsicher (uncertainty). Die zu meisternden Herausforderungen kommen oft unerwartet, erweisen sich als wenig stabil und ihre Zeitdimensionen können nur schwer eingeschätzt werden (volatility) (Mack et al. 2016, S. 11).

Die daraus resultierenden Veränderungen sind aber nicht selten tief greifend. Märkte wandeln sich rapide, Währungsschwankungen von 20 % in kurzer Zeit sind nicht ungewöhnlich. Für die Unternehmensführung bedeutet dies, ihre Entscheidungen im Rahmen ihres unternehmerischen Handelns laufend mit der aktuellen Situation abzugleichen und gegebenenfalls auch kurzfristig umzuwerfen, wenn die Situation neu bewertet werden muss. Allerdings führt VUCA dazu, dass es bei der Entscheidungsfindung in einem Managementprozess zu widersprüchlichen Informationen bzw. Situationsbewertungen kommen kann. Diese Wider-

© Springer Fachmedien Wiesbaden GmbH 2017
U. Buchholz und S. Knorre, *Interne Kommunikation in agilen Unternehmen*, essentials, DOI 10.1007/978-3-658-16977-0_2

sprüchlichkeit ist zudem nicht nur objektiv, sondern auch subjektiv, abhängig von der Person, die die Unternehmensumwelt beobachtet und bewertet. Die für das Unternehmenswohl richtigen Entscheidungen unter den geschilderten Umständen zu treffen, ist mit altbewährten Verfahrensweisen und Managementmodellen offenbar kaum noch möglich (Mack et al. 2016, S. 11).

Die Suche nach neuen Denkansätzen, wie Unternehmen in der geschilderten VUCA-Welt nicht nur ihre Existenz sichern, sondern im gezielten Umgang mit den genannten Merkmalen sogar ökonomische Erfolge erzielen können, ist im angelsächsischen Raum in vollem Gange. Hierzulande bekommen diese Denkansätze erst langsam Aufmerksamkeit. Dabei erhalten sie gerade im Zusammenhang mit einem professionellen Kommunikationsmanagement hohe Relevanz.

Denn in einer VUCA-Welt gibt es viele ablaufbezogene und strukturelle Faktoren, die ein Unternehmen berücksichtigen muss, wenn es seine Störanfälligkeit (Vulnerabilität) in den Griff bekommen will. Insbesondere muss die Unternehmensleitung sich über die internen und externen Interdependenzen und Verbindungen bewusst und deren Belastbarkeit im Falle einer Krise im Klaren sein. Diese Beziehungen und die sie gestaltende Kommunikation werden in der Ökonomie häufig als sogenannte Schlüsselvulnerabilität bezeichnet, ebenso wie der Informationsfluss von extern in das Unternehmen sowie innerhalb des Unternehmens selbst. So stellt also die (interne) Kommunikation den Dreh- und Angelpunkt für Erklärungsmuster und Handlungsanweisungen der Unternehmensführung dar (Buchholz und Knorre 2012).

Die klassische Managementlehre bewertet unternehmerische Anforderungen oder zu lösende Probleme aus der Perspektive der Planbarkeit und Rationalität. Sie lassen sich mit dem richtigen Expertenwissen steuern, sodass für Kontinuität und Überschaubarkeit gesorgt ist. In der VUCA-Welt bilden jedoch viele Einflussgrößen ein vernetztes, sowohl in seinen Einzelteilen wie auch im Zusammenhang kaum überschaubares Ganzes. Ein solches System ist hochkomplex und seine Funktionsmuster lassen sich nur im gegebenen Kontext verstehen (Krizanits 2015, S. 43). Richtiges, d. h. erfolgreiches Handeln kann hier nicht mehr mit Expertensteuerung und dem Prinzip der Planbarkeit gemeistert werden. Die größte Herausforderung ist der Umgang mit Komplexität und hierbei vor allem der Umgang mit Mehrdeutigkeit, die eine Offenheit für alle denkbaren Interpretationen in Bezug auf das Unternehmensumfeld erfordert (ebd.).

Strikt hierarchisch organisierte Unternehmen streben klassischerweise die Zähmung komplexer Situationen an, denn ihre klaren, auf Routinen ausgelegte Strukturen und Kommunikationswege sind auf Beherrschung und Kontrolle ausgerichtet. Sie haben sich in der Vergangenheit in der Regel auch als durchaus erfolgreich erwiesen, „die Komplexität von Beziehungen und Abläufen auf ein handhabbares Maß zu reduzieren, allerdings um den Preis, dass wichtige Aspekte der Wirklichkeit ausgeblendet wurden und die Anpassungsfähigkeit des Systems an Veränderungen und Bedingungen stark eingeschränkt wurden" (Döring-Seipel und Lantermann 2015, S. 26).

Unter VUCA-Voraussetzungen scheint es nunmehr sinnvoll, Komplexität nicht bewältigen oder gar reduzieren zu wollen, sondern sie quasi zu kultivieren. Komplexität wird als konstitutiv für erfolgreiches Handeln betrachtet anstatt als Störung von Routinen. Unternehmer, die sich dessen bewusst sind, sorgen dafür, dass die Menschen in ihrem Unternehmen ein Systemverständnis entwickeln, weil einzelne Entscheidungen weitere hochkomplexe Wirkungsentscheidungen nach sich ziehen können. Es wird deutlich, dass nicht mehr alle Situationen und Entwicklungen kontrolliert werden können, sondern es geboten ist, auf Unterstützung und Zusammenarbeit zu setzen.

Dazu werden Mitarbeitende benötigt, die mit Ungewissheit und Widersprüchlichkeiten umgehen können und sich dabei nicht andauernd unsicher fühlen. Gerade in einer VUCA-Welt wird die Fähigkeit benötigt, die momentane Faktenlage kritisch überblicken zu können und dabei für typische Fehlschlüsse sensibilisiert zu sein. Paradoxerweise gilt es trotz vielleicht heftiger Turbulenzen abwarten zu können, bis eine Sachlage hinreichend diagnostiziert ist und sich geklärt hat – dies erfordert ebenfalls besondere Kompetenz, da es heißt, Komplexität schnell zu durchdringen und ihre Muster zu extrahieren (Krizanits 2015, S. 45).

Erfolgreiches Handeln unter VUCA-Bedingungen benötigt also hoch motivierte und kreative Mitarbeitende, die in einer Kultur des Vertrauens lösungsorientiert denken und selbstverantwortlich Entscheidungen treffen sollen. Das erfordert eine Organisation bzw. einen Organisationstyp, der agiles Handeln zulässt und fördert, ohne dass diese Organisation ihre Stabilität und Identität verliert (siehe Kap. 4).

Der Schlüssel zur VUCA-Bewältigung ist Kollaboration, eine institutionalisierte Zusammenarbeit über Abteilungs- und Unternehmensgrenzen hinweg, in der Teams oder Einzelpersonen parallel und inkrementell an verschiedenen Elementen eines gemeinsam angestrebten Endergebnisses arbeiten (siehe Abschn. 3.1 und 5.1). Durch gemeinsames Beobachten und Analysieren können verschiedene Perspektiven eingenommen und Wirkungszusammenhänge erkannt werden, die individuell vielleicht übersehen worden wären. Durch diese Zusammenarbeit werden Kontingenzen, d. h. unterschiedliche Handlungsoptionen und kurzfristige Handlungsspielräume besser erkannt und können gestaltet werden. Das schließt auch die Erkenntnis ein, dass es die emergenten Effekte aus der Zusammenarbeit sind, die über die Wettbewerbsfähigkeit entscheiden. Kollaboration ist essenziell für das Fortkommen und Bestehen in der VUCA-Welt.

Die eben beschriebene Widerstandsfähigkeit gegen die Turbulenzen in der VUCA-Welt stellt sich weder in der individuellen noch in der organisationalen Perspektive automatisch ein. Vielmehr ist sie gezielt mit den Strategien und Maßnahmen des Führungshandelns zu fördern.

Agilität als Handlungs- und Führungskonzept: Kontingente Strategien, schnelle Richtungswechsel und flexible interne Ressourcen

3

Das zentrale Merkmal von Unternehmen, die in der VUCA-Welt nachhaltig erfolgreich sind bzw. ihre Existenz sichern können, ist ihre Agilität. Aufgrund ihrer gezielt aufgebauten Handlungsvarietät, die nicht nur in Arbeitsabläufen und den eingesetzten Technologien gründet, sondern auch in den Werten und der Lebensgestaltung der Mitglieder des Unternehmens, können sie sich im Gegensatz zum Standardverfahren plandeterminierten Handelns leicht auf sich ändernde Marktbedingungen oder wechselnde Mitbewerber bzw. deren Strategien einstellen. Agile Unternehmen können sich so organisieren, dass sie in einem veränderlichen Umfeld und seinen Herausforderungen dennoch nachhaltig erfolgreich sind. Durch ihre grundsätzlich adäquaten Strukturen und Prozesse sind sie in der Lage, sich gegenüber Störfällen und Krisen flexibel zu verhalten und zu agieren, anstatt nur laufend zu reagieren. Sie sind auf allen Ebenen, also gleichermaßen in der strategischen Unternehmensführung wie im operativen Handeln wie in der Gestaltung der Organisation und dem Beziehungsmanagement zu externen Bezugsgruppen, so aufgestellt, dass sie mit erfolgsgefährdenden Bedingungen bzw. Stressoren effektiv umgehen können.

Kennzeichnend sind schnelle Richtungswechsel, wenn es erforderlich ist, das rasche Abrufen von Handlungsalternativen und das Nutzen eigener Ressourcen für notwendige Anpassungen. Dabei kann es nicht mehr prioritär um Optimierung von geplanten und einstudierten Abläufen oder Modellen gehen. Denn unter den VUCA-Herausforderungen könnten sie schon bald wieder irrelevant sein. Operationale Exzellenz und eine fehlerfreie Ausführung reichen dann nicht mehr für eine wettbewerbsfähige Wertschöpfung aus (Hamel und Välinkangas 2004, S. 4). Der Standard in agilen Unternehmen bzw. agilen Teileinheiten oder Projekten von Unternehmen ist mithin die strategische, organisatorische und operative Erneuerung. Der Prozess der kontinuierlichen Veränderung wird weniger als Chance für Wachstum, als vielmehr aus Gründen der Existenzsicherung genutzt.

© Springer Fachmedien Wiesbaden GmbH 2017
U. Buchholz und S. Knorre, *Interne Kommunikation in agilen Unternehmen*, essentials, DOI 10.1007/978-3-658-16977-0_3

3.1 Kollaboration als Basisvoraussetzung von Agilität

Agilität ermöglicht die Bewältigung von Veränderungen ohne Verzögerungen und erhält dadurch auch in schwierigen Zeiten die Wettbewerbsfähigkeit eines Unternehmens. Sie kommt dabei nicht so sehr in typischen Aktionen und Aktivitäten eines Unternehmens zum Ausdruck, sondern in seinem Wesen, seiner Gestaltungsfähigkeit, in der Art zu denken und zu handeln. Die in der Unternehmenskultur verankerten grundsätzlichen Prinzipien haben dabei eine größere Bedeutung als Standards und eindeutig definierte Prozesse.

In agilen Unternehmen werden Unternehmensziele permanent intern reflektiert und systematisch mit dynamischen, variablen Aktionsplänen koordiniert. Eine solche Variabilität und Beweglichkeit schlägt sich insbesondere nieder in der bereits angesprochenen kollaborativen Arbeitsorganisation (siehe Kap. 2). Das dahinter liegende strategische Konzept der Unternehmensführung wird mit dem Enterprise 2.0-Prinzip der Kollaboration (McAfee 2006) beschrieben. Dabei haben alle involvierten Mitarbeitenden z. B. eines Projekts in der Zusammenarbeit das übergeordnete unternehmerische Ziel stets im Blick, anstatt sich einzig auf die Aufgaben und Ziele innerhalb des Projekts zu konzentrieren. Der Fokus bei einer institutionalisierten Kollaboration liegt auf der gemeinsamen, sequenziell oder inkrementell ausgeführten Tätigkeit, was mehr ist, als an einer gemeinsamen Aufgabe jeder an seinem Platz oder in seiner Abteilung zu arbeiten. Letzteres birgt – auch bei einem grundsätzlichen regelmäßigen Informationsaustausch – immer die Gefahr, dass alle Einheiten vermeintlich dieselbe Idee einer Aufgabe im Kopf haben, aber tatsächlich stets aus den Anforderungen ihres unmittelbaren Teilbereichs heraus den Fortschritt bewerten. Durch die laufende Orientierung an einem übergeordneten Ziel können z. B. Fehlentwicklungen oder Verzögerungen, aber auch unerwartete Chancen von jedem Teammitglied jederzeit leichter erkannt und im Sinne einer gemeinsamen Problemlösung unmittelbar in den Prozess eingebracht werden. So kann durch einen wechselseitigen, iterativen Arbeitsablauf etwas völlig Neues entstehen, was die jeweiligen Teammitglieder alleine vermutlich nicht erreicht hätten.

Kollaboration und damit variable Aktionspläne erfordern aber auch einen angepassten Umgang mit Führung und Autorität (siehe Kap. 4), der Entscheidungsfindung, der Leistungsmessung und dem Gestalten der Beziehungen zu Partnern und Kunden. Gerade die Gestaltung und Pflege dieser Beziehungen stimulieren interne Strukturveränderungen, die jedoch die grundsätzliche Stabilität der Organisation nicht gefährden. Der bewusst geführte Dialog mit externen Bezugsgruppen (Outside-in-Kommunikation, siehe Kap. 5) führt dazu, vorhandene, aber bisher noch nicht erkannte oder genutzte Fähigkeiten der Organisationsmitglieder zu aktivieren und aktive, aber nicht mehr nützliche Handlungsmodelle einzuschränken oder zu beenden. Auf diese Weise können Unternehmen ihre Geschäftsziele stets weiterverfolgen und womöglich sogar einen Vorteil aus einer Krise oder einer zunächst als Störung empfundenen Situation ziehen (Buchholz und Knorre 2012, S. 14).

3.2 Vielfalt gefördert durch Vernetzung

Um für unerwartete Herausforderungen immer wieder neue, kreative Lösungen finden zu können, setzen agile Unternehmen bewusst auf Diversität und auf Multioptionalität. Denn es werden immer wieder strategische Alternativen benötigt, um sich rechtzeitig umstellen zu können. Außerdem muss es rasch möglich sein, eingesetzte Ressourcen auf neue Produkte und Programme umzulenken. Für adäquate Lösungen ist Vielfalt eine wesentliche Voraussetzung, denn sie führt zu unterschiedlichen Meinungen und Ansichten, die im Idealfall auf einer Fülle von Erfahrungen, Kenntnissen und Fertigkeiten aus allen Lebensbereichen beruhen (Buchholz und Knorre 2012, S. 169). Diese Pluralität von Meinungen, Beobachtungen und Erkenntnissen dient der umfassenden Wahrnehmung von Problemlösungspotenzialen oder Marktchancen. Das gemeinsame Wirken eröffnet immer wieder völlig neue Handlungsmöglichkeiten, was erst eine angemessene situationsbezogene Problemlösung möglich macht. Agile Unternehmen betrachten Vielfalt daher als eine Voraussetzung für ihre Innovationsfähigkeit und damit Wettbewerbsfähigkeit, selbst wenn sie sich widersprüchlich darstellt und somit womöglich Energie raubende Maßnahmen für eine erfolgreiche Zusammenarbeit nach sich zieht. Um diese Vielfalt mit den Anforderungen an Schnelligkeit von Entscheidungen in Einklang bringen zu können, ist wiederum die Fähigkeit und nicht zuletzt auch Befähigung zur Selbstorganisation notwendig, wodurch die notwendige Kollaboration gefördert wird.

Eine adäquate Form dieser Selbstorganisation als selbst inszeniertes Handeln zum Zweck der Problemlösung ist die (von der formellen Organisation unabhängige) Vernetzung der Mitglieder bzw. Mitarbeitenden. Netzwerke haben dabei grundsätzlich systemgenerierende Eigenschaften. Sie bestehen zunächst als Strukturen ohne große Aktivitäten (Mast 2016, S. 195), was die (Unterstützung zur) Schaffung, Gestaltung und Pflege etwa durch die Interne Unternehmenskommunikation auf den ersten Blick als wenig effektiv erscheinen lässt. Aber die in einem Netzwerk locker geführten Kontakte und Kommunikationsbeziehungen können im Bedarfsfall schnell und effizient miteinander verknüpft werden (ebd.). Individuell gewonnene Erkenntnisse können dann stets abgeglichen werden mit bisherigen Annahmen und bereits Bekanntem. So wirkt die Logik bei aller individuellen Kreativität als Selektionsmechanismus, was letztlich dem Herbeiführen von gemeinsam getragenen Entscheidungen dient.

Netzwerkstrukturen und damit die intelligente Verbindung vielfältiger Informationen sind daher aufgrund ihrer Fähigkeit zur kontinuierlichen Reorganisation und Anpassungsfähigkeit im Gegensatz zu traditionellen starren, eindimensionalen, integrierten Organisationsstrukturen besser geeignet, schnell und kompetent zu agieren und zu reagieren (siehe Abschn. 4.2 und 4.3). Die Voraussetzung für solcherart zielgerichtete und gewissermaßen getaktete Handlungen ist eine starke, funktionierende interne Kommunikation: Die Netzwerkmitglieder vernetzen sich auf der Basis gemeinsamer Handlungsprinzipien (vermittelt und kontinuierlich bekräftigt durch die Unternehmensführung mithilfe der Internen Unternehmenskommunikation) autonom und arbeiten – durchaus divergent – an gemeinsamen Themen. Damit werden auch informelle Netzwerke innerhalb der Organisation bzw. des Unternehmens zum Gegenstand des Führungshandelns und der gesteuerten internen Kommunikation – eine Paradoxie agilen Erfolgs.

Durch Vernetzung, die die Teilhabe der Netzwerkmitglieder ohne bürokratischen Aufwand und starre Regeln ermöglicht, kann Veränderung als gemeinsamer Gestaltungsprozess verstanden und gelebt werden. So können vielfältige Handlungsoptionen identifiziert und ein kontinuierlicher Transformationsprozess in die Wege geleitet werden. Informationen sowohl aus internen als auch aus externen Quellen werden in agilen Unternehmen als Wirtschaftsgut verstanden, die systematisch erhoben werden müssen, um daraus Wissen generieren zu können, mit welchem die Störanfälligkeit von Strukturen und Prozessen minimiert und das Unerwartete gelassener erwartet werden kann. Die Aufgabe der Unternehmensführung ist es dabei, Sinn zu vermitteln und die Arbeitsgrundlagen bereitzustellen, die für die Aufgabenerfüllung notwendig sind. Dazu gehören nicht zuletzt gezielt organisierte Kommunikations- und Interaktionsmöglichkeiten. So unterstützt verstehen sich die Mitarbeitenden als fest eingebunden in die Belange des Unternehmens und engagieren sich, weil sie die Verbindung ihrer Arbeit mit der Unternehmensrobustheit und seines langfristigen Erfolgs begreifen bzw. diesen Sinn erleben. Dies schließt einen organisationsübergreifenden kontinuierlichen Nachrichtenaustausch ein, sodass wichtige „early warnings" ausgelöst werden können (vgl. Buchholz und Knorre 2012, S. 168).

3.3　Wachsamkeit gefördert durch Leadership

Eine solche Wachsamkeit gegenüber äußeren Einflüssen und internen Ressourcen und Abläufen gleichermaßen erfordert ein systemisches Beobachten inklusive einer Selbstbeobachtung und systemisches Zuhören, untereinander in der Organisation, aber auch bei Kunden und Partnern. Es ist eine ausreichende Wahrnehmung der Veränderungen im Umfeld des Unternehmens erforderlich, um darauf aufbauend Verständnis, Akzeptanz und schließlich verändertes Handeln der Organisationsmitglieder zu erzielen. Die Beobachtung des Umfelds meint dabei zum Beispiel die Beobachtung des Wettbewerbs und der Wettbewerber, des Kundenverhaltens oder der Verschiebung von Märkten. Der Begriff des Umfelds ist dabei untrennbar mit dem Begriff der Bezugsgruppen verbunden, die dieses Umfeld gestalten. Entwicklungen in diesem Umfeld müssen in das Unternehmen hinein kommuniziert werden, damit der Wandlungsbedarf überhaupt erkannt wird. Für eine langfristige Existenzsicherung bedarf es der systematischen, möglichst offenen Wahrnehmung und Verarbeitung von Umweltgeschehen bzw. des Handelns anderer Systeme, die die Unternehmensumwelt ausmachen. Nur sie ermöglichen ein angemessenes Maß der Selbstbeobachtung und nur diese kann die Reflexivität der Organisation erhöhen, sprich die Fähigkeit, sich selbst zu hinterfragen und die internen Strukturen und die Umweltbeziehungen daraufhin anzupassen. Wissend, dass das Dilemma der sich in ihren Begrenzungen bedingenden Umwelt- und Selbstbeobachtung nie ganz aufzulösen sein wird, kommt es also dennoch darauf an, die Fähigkeit zu einer ausreichenden, von der reinen Binnenorientierung losgelösten Umwelt- und Selbstbeobachtung zu erhöhen (Buchholz und Knorre 2012, S. 66–67).

Wachsamkeit ist gepaart mit Realitätssinn. Eingeschlagene Kurse werden als kontingent begriffen und immer wieder hinterfragt bzw. auf Machbarkeit abgeklopft. Denn die Verdrängung von aufkommenden Veränderungen oder das Festhalten an den üblichen Verfahren kann die Existenz der Unternehmung insgesamt bedrohen. In agilen Unternehmen ist die ständige Auseinandersetzung mit Veränderung in den Strukturen und Prozessen implementiert. Grundlage dafür ist eine ausgeprägte Antizipationsfähigkeit, mit der potenzielle Gefährdungen, aber auch unerwartete Chancen frühzeitig erkannt und vor allem verstanden werden können. Die Strukturen und Prozesse sind ausgerichtet auf eine hohe Lern- und Innovationsfähigkeit.

Agilität benötigt neben Selbstorganisation und Tatkraft im operativen Handeln die Unterstützung durch die Führung. In sämtlichen auf Agilität ausgerichteten Handlungsmustern erfordert dies für Entscheidungsprozesse die gezielte Abgabe von Steuerungsansprüchen zugunsten des Vertrauens auf das breite Wissen und die vielfältigen Kenntnisse der Belegschaft. Zugleich impliziert dies die Option, einmal getroffene Entscheidungen bei neuen Erkenntnissen infrage zu stellen. Dies beschreibt ein postheroisches Führungsverständnis, das über das traditionelle Leadership-Konzept (siehe Kap. 5) noch hinausgeht (Buchholz und Knorre 2014). Die Geführten ihrerseits handeln auch ohne laufende Rückversicherung in der Hierarchie lösungsorientiert und ermöglichen ihrem Unternehmen immer wieder einen innovationsgeleiteten Wettbewerbsvorsprung (Buchholz und Knorre 2012, S. 168).

Agilität als Organisationskonzept: Hierarchische und heterarchische Organisationsformen als Bezugspunkt der internen Kommunikation

Aus dem eben beschriebenen Idealtypus der Agilität sowie den damit verbundenen Handlungsprinzipien lässt sich aber erst dann ein (praxis-)relevantes Konzept der Unternehmensführung inklusive der internen Kommunikation entwickeln, wenn diese in Bezug zu Organisationsfragen gesetzt werden, die einen unabdingbaren Teil der Führungsentscheidungen darstellen. Die Frage, wie sich die Organisationsform und organisationsinternes Handeln einschließlich Kommunikation jeweils gegenseitig beeinflussen, gehört zum Kernbereich des Fachdiskurses zur Organisationskommunikation. Organisationaler Wandel beeinflusst aus Sicht der Unternehmensführung grundsätzlich immer die Aufgaben und Wirkungsweisen der internen Kommunikation (Buchholz und Knorre 2012, S. 73–76). Umgekehrt wirkt die gesteuerte interne Kommunikation (genauso wie die ungesteuerte) auf das Funktionieren organisatorischer Abläufe und Strukturen (siehe Kap. 6).

Organisation und interne Kommunikation beeinflussen sich also gegenseitig, das gilt in Bezug auf die theoretischen Konzepte, die dort betrachteten Kommunikationsströme, die jeweils bevorzugte Aufbau- bzw. Ablauforganisation sowie die Funktionen im Rahmen der Unternehmensführung. Diese Kategorien werden im Folgenden für die Beschreibung von drei Organisationstypen eingesetzt, die sich in der jeweils zunehmenden Ausprägung der Agilität unterscheiden. Hierarchie ist hier definiert als ein auf Über- und Unterordnung beruhender Entscheidungs- und Koordinationsmechanismus. Der Begriff der Heterarchie ist dagegen nicht eindeutig festgelegt, sodass der Minimalkonsens in der Negation von Hierarchie besteht, d. h., es handelt sich um einen Mechanismus, der nicht auf Über- und Unterordnung seiner einzelnen Teile basiert (siehe Abschn. 4.3).

© Springer Fachmedien Wiesbaden GmbH 2017
U. Buchholz und S. Knorre, *Interne Kommunikation in agilen Unternehmen*, essentials, DOI 10.1007/978-3-658-16977-0_4

4.1 Hierarchische Organisationsformen: Interne Kommunikation zwischen Alignment und Ressourcenentwicklung

Interne Kommunikation als Managementfunktion ist geprägt von den Bedingungen hierarchischer Organisationsformen (Schreyögg und Geiger 2016). Kommunikationsströme werden dementsprechend vertikal über gestufte Hierarchieebenen hinweg und horizontal zwischen nebeneinanderliegenden Funktionseinheiten gesteuert. Zielvorstellung der internen Kommunikation ist das sogenannte „Alignment", d. h. die Orientierung bzw. Ausrichtung einer komplexen arbeitsteiligen Organisation und ihrer Mitglieder auf die inhaltlich-strategischen Ziele der Unternehmensführung.

Insbesondere unter dem Einfluss der ressourcenbasierten Managementlehre richtet sich die interne Kommunikation zugleich auf die Entwicklung der internen Ressourcen. Diese werden dort vermutet, wo sich unternehmenstypische Kombinationen von Expertise finden lassen, die kaum oder gar nicht zu kopieren sind (Penrose 2009, S. 21–22). Diese Annahme hat Folgen sowohl für die vertikale als auch für die horizontale Kommunikation:

- Das sogenannte Gegenstromprinzip (vgl. etwa Horváth et al. 2015), also das regelmäßige Wechseln von top-down und bottom-up geführter Kommunikation, ist nicht mehr nur als formale Kommunikation definiert, welche sich zwangsläufig aus den Berichtswegen der hierarchischen Linienorganisation ergibt. Es geht zugleich über routinierte Feedbacks zur Top-down-Kommunikation hinaus. Das Gegenstromprinzip wird vielmehr verstanden als Prozess des systematischen Zuhörens und Lernens innerhalb einer hierarchischen Organisation, der von der Managementfunktion der internen Kommunikation sicherzustellen ist (Buchholz und Knorre 2012). Der Vorteil dieser Strategieführung liegt darin, dass zum einen eine Konsistenz von Planungsinhalten gewährleistet ist, zum anderen aber auch deren Ausführbarkeit mit Blick auf Realitätsnähe und der damit verbundenen unternehmensweiten Akzeptanz der Planung überprüft und gegebenenfalls rasch abgeändert werden kann.
- In Bezug auf die horizontale Kommunikationsrichtung gilt das sogenannte „Silo-Busting" inzwischen als Paradedisziplin von Führung und interner Kommunikation in hierarchischen Organisationen. Ziel ist es, die Spezialisierung in den unterschiedlichen Organisationseinheiten zu unterstützen, gleichzeitig aber einen funktionsübergreifenden Expertendialog einzurichten. Die Zahl und Varianz der Ressourcen-Kombinationen lässt sich – so der dahinterstehende

Gedanke – dadurch steigern, dass Expertensilos kommunikativ aufgebrochen und organisationsübergreifende Dialoge durch die Unternehmensführung ermöglicht werden. Die (top-down) Einrichtung von abteilungsübergreifenden Projekten bzw. Teams ist in diesem Zusammenhang das ablauforganisatorische Mittel der Wahl für diesen Ansatz. Dieser Ansatz bewegt sich also nach wie vor in der hierarchischen Top-down-Perspektive und ist damit (noch) nicht identisch mit den normativen Vorstellungen des agilen Handlungs- und Führungskonzepts (siehe Abschn. 3.2).

Insgesamt wird in diesem Organisationskonzept also die hierarchische und horizontal-funktional gegliederte Aufbauorganisation mittels interner Kommunikation flexibler und innovationsfördernder aufgestellt, erstere bleibt aber grundsätzlich unangetastet.

4.2 Zwei Steuerungssysteme in einer Organisation: Zur Parallelität von Hierarchie und Heterarchie

Organisationsformen, die ausdrücklich im Hinblick auf das Agilitätskonzept entwickelt wurden, bauen auf diesen Überlegungen zur Optimierung der Hierarchie auf, gehen jedoch darüber hinaus. Sie haben ihren konzeptionellen Anknüpfungspunkt im Change Management bzw. der Organisationsentwicklung. In agilen Organisationen bzw. Unternehmen wird davon ausgegangen, dass hierarchische und heterarchische Elemente innerhalb einer Organisation nicht nur parallel existieren können, sondern es im Hinblick auf effektive Steuerung des Unternehmens durch ein zunehmend volatiles Umfeld geradezu müssen (Wimmer 2011, S. 18).

Formelle und informelle Netzwerke treten neben die hierarchische Aufbauorganisation, sodass zwei Entscheidungssysteme (vgl. Kotter 2012) innerhalb einer Organisation nebeneinander agieren – mit jeweils unterschiedlichen Zielen und Funktionen im Rahmen des agilen Managementkonzepts. Die Netzwerke sorgen für schnellere Entscheidungen und flexible Ressourcenbereitstellung, während die hierarchischen Strukturen für die ebenfalls notwendige Stabilität bzw. die Standards der Umsetzung sorgen (Knorre 2012, S. 7–8).

In Bezug auf die Ablauforganisation ergänzen in diesem Konzept inkrementell-iterative Verfahren wie etwa die Scrum-Methode die klassische Wasserfall-Projektorganisation, wie sie in hierarchischen Organisationsformen üblich ist. Agile Prozesse sind grundsätzlich inkrementell angelegt, verfolgen also viele Arbeitspakete in verschiedenen Teams gleichzeitig und arbeiten auf der Basis von Teilfunktionalitäten von Projekten, Anlagen oder Produkten, die gegebenenfalls auch variabel kombiniert werden können. Die Verfahren sind dabei iterativ organiziert, weil sie z. B. in der Produktentwicklung auf die rasche Fertigstellung von Prototypen angelegt sind, die dann in mehreren Lernschleifen zur Marktreife optimiert werden.

Die interne Kommunikation richtet sich in diesem Kontext zunächst auf das jeweilige Funktionieren der beiden Systeme. Deshalb gelten zunächst alle oben definierten Funktionen aus dem Konzept der optimierten hierarchischen Organisationen. Darüber hinaus wird die informelle, d. h. die das Liniensystem der Hierarchie gezielt durchbrechende interne Kommunikation als zusätzliches Instrument angesehen. Die Interne Kommunikation stellt dazu besondere Kommunikationsplattformen bereit, um die schnelle Koordinierung und Entscheidung im Rahmen informeller Austauschbeziehungen zu fördern. Beispielsweise können Netzwerke von Führungskräften aus Sicht der Unternehmensführung hilfreich sein, um Aushandlungsprozesse über Strategien, Organisationsveränderungen und Personalmaßnahmen offen, zugleich nachvollziehbar und mit einem Grad an Verbindlichkeit auszutragen (Wimmer 2011, S. 17 f.).

Hinzu kommt die Anforderung, den Austausch bzw. die Abstimmung zwischen beiden Steuerungssystemen sicherzustellen, nämlich immer dann, wenn das als „Change Agent" eingesetzte zweite, eher heterarchische System die „First mover"-Rolle gegenüber dem hierarchischen System und seinen Mitgliedern übernimmt. In Erweiterung der vertikalen und horizontalen Perspektiven wird hier also ein neuer Kommunikationsstrom der internen Kommunikation definiert, nämlich der zwischen dem hierarchischem Basissystem und den heterarchischen Elementen des zweiten Systems des Change Managements.

4.3 Netzwerkorganisation: Selbstständige Einheiten mit gemeinsamen Zielen

Insbesondere die Digitalisierung sämtlicher Geschäfts- und Produktionsprozesse führt tendenziell zu einer weiteren Aufweichung hierarchischer Regeln. Dies wirft die Frage auf, inwieweit der hierarische Unternehmensaufbau überhaupt als adäquate Organisationsform für technisch autonome, lose vernetzte Systeme angesehen werden kann. Netzwerkorganisationen stellen deshalb eine weitere organisationale Variante im Kontext des Agilitätskonzeptes dar (siehe Kap. 2). „Ein Netzwerk besteht aus mehreren untereinander verbundenen Knoten. […] Netzwerke sind offene Strukturen und in der Lage, grenzenlos zu expandieren und dabei neue Knoten zu integrieren, solange diese innerhalb des Netzwerks zu kommunizieren vermögen, also solange sie dieselben Kommunikationscodes besitzen – etwa Werte oder Leistungsziele" (Castells 2003, S. 528 f.; auch

Karmasin und Weder 2014, S. 85). Diese Strukturen beziehen sich in diesem Kontext also auf Netzwerke von realen entscheidungsbefugten Organisationsmitgliedern, nicht auf autonome digitale Netzwerk-Unternehmen, die von Programmiercodes gesteuert werden.

Netzwerke sind in der herrschenden Meinung der Organisationslehre zugleich definiert als Teil einer dynamischen Unternehmensverfassung und -architektur, die als Organisationsform zwischen (weisungsbasierter) Hierarchie und (wettbewerblichen) Marktverhältnissen angesiedelt sind (Sydow 2010, S. 375 ff.). Sie weisen eine Vielzahl von unterschiedlichen Ausprägungen auf, sowohl in ihrer intra- als auch interorganisationalen Form. Netzwerke in Unternehmen, die hier im Fokus stehen, beinhalten entsprechend ihrer Einordnung zwischen Hierarchie und Markt ebenfalls sowohl Elemente hierarchischer als auch heterarchischer Organisationsformen, jedoch wird die Unabhängigkeit der Netzwerkelemente deutlich stärker betont. Netzwerke werden aus der Organisationsperspektive als dauerhafter Teil der Unternehmensarchitektur gesehen. Sie sind aus dieser Perspektive deshalb zugleich zu unterscheiden von rein informellen Netzwerken in Unternehmen, die gerade nicht zur Unternehmensarchitektur gehören, sondern entweder als rein informeller Akzelerator der Hierarchie (siehe Abschn. 4.2) oder als grundsätzlich agilitätsförderndes, die Unternehmenskultur prägendes Handeln (siehe Kap. 6) angesehen werden können.

Intraorganisationale Netzwerke bestehen dementsprechend aus weitgehend unabhängigen Einheiten, entweder als gesellschaftsrechtliche Einheit oder als teilautonome Teams oder Module. Sie entstehen dadurch, dass ausgewählte Funktionen einer Organisation aus der Hierarchie in selbstständige Einheiten ausgegliedert werden oder dass zusätzliche teilautonome Einheiten in einen Unternehmensverbund eingegliedert werden. Konkret ist dies beispielsweise in der Innovationsstrategie von Großunternehmen zu beobachten. In Form von Inkubatoren (für definierte Aufgaben werden ganze Teams oder Firmen gekauft) oder Akzeleratoren (ein Portfolio von Start-ups wird eingekauft, die weiterhin an ihren eigenen Projekten arbeiten) entstehen zusätzliche intraorganisationale Netzwerke, die dauerhaft ihren Charakter als Netzwerk behalten sollen.

Funktionieren können solche intraorganisationale Netzwerke durch Kollaboration (siehe Abschn. 3.1). Demnach agieren die Teileinheiten der Organisation nicht auf der Basis der Direktion, z. B. eines Projektauftrags wie im hierarchischen Modell, sondern stellen sich im Kontext der Organisationsziele auch ihre Aufgaben selber und erarbeiten kollaborativ Lösungen (siehe Kap. 2). Als Metapher für funktionierende Netzwerke gelten die synaptischen Verbindungen in neuronalen Netzen, die nie fest sind, sondern aus Zwischenräumen bestehen, die immer wieder neu chemisch aufgeladen werden. Heterarchie als dezentrales, vernetztes Entscheiden gilt in Theorie und Praxis als stark normativ behaftet, und zwar schon allein deshalb, weil das Konzept – wie oben gezeigt – aus der Verkehrung des Hierarchieprinzips (mit seinen Schwachstellen) abgeleitet wird (Winkler 2016, S. 86 f.).

Eine besondere Form der Heterarchie sind die sogenannten polyzentrischen Netzwerke in internationalen Unternehmensgruppen. In diesem Konzept gibt es mehrere Entscheidungszentren, die zwar eigenständig in ihrem jeweiligen kulturellen Kontext agieren sollen, aber dennoch auf den Zweck des Unternehmensverbundes gerichtet bleiben. Polyzentrische Netzwerke sind rechtlich gesehen intraorganisationale Netzwerke, auf dem Organisationskontinuum zwischen Hierarchie und Markt bewegen sie sich mit ihren teilautonomen, rechtlich abgeschlossenen Teileinheiten allerdings stark in Richtung Markt. Sie ähneln in ihren Strukturen dem fokalen interorganisationalen Unternehmensnetzwerk, also Netzwerken aus rechtlich selbstständigen und am Markt agierenden Einheiten, die jedoch von einem Führungsunternehmen und häufig auch von einem rigiden Netzwerkmanagement dominiert werden. Offensichtlich ist, dass sich sowohl in polyzentrischen Netzwerken als auch fokalen Netzwerken erneut hierarchische und heterarchische Organisationselemente verbinden.

Für das Management von derart komplexen und zugleich von heterarchischen Elementen dominierten Organisationen bzw. Netzwerken stehen aus der Perspektive der internen Kommunikation die sinnstiftenden Grundelemente der inhaltlichen und prozessualen Koordinierung und Kollaboration im Mittelpunkt (Buchholz und Knorre 2013; sowie Karmasin und Weder 2014, siehe Kap. 6). Jeder hier beschriebene Netzwerktyp konstituiert sich durch die Interaktionen untereinander bzw. durch die kommunikativen Prozesse, in denen Bedeutungen und Sinn verhandelt werden (Schöneborn et al. 2014).

Das Alignment-Prinzip der internen Kommunikation in überwiegend hierarchischen Organisationen mit seinem weitgehenden Steuerungsanspruch wird dementsprechend zurückgeführt auf basale Inhalte im Sinne der in der o. g. Definition genannten Kommunikationscodes und Leistungsziele. Konkret gehören dazu die gemeinsame Verpflichtung auf Wertschöpfung und Mehrwert durch Kollaboration, generelle Führungs- und Verfahrensgrundsätze, die Definition von operativen Entscheidungsspielräumen sowie ein gemeinsames Strategieverständnis. Sie bilden das stabilisierende Gegengewicht zu den agilen, schnell veränderbaren Entscheidungen bzw. Handlungen des Managements. Als „Landkarte" (siehe Abschn. 6.1) für heterarchisch geprägte Aufbauorganisationen spiegeln sie dieselbe Steuerungsidee wider, wie sie im Kontext von agilen Ablauforganisationsformen beispielsweise in den kurzen und sehr einfachen Scrum-Regeln (siehe Abschn. 4.3) zum Ausdruck kommt.

Diese Kombination aus agilen, heterarchischen Strukturelementen einerseits und proklamierten, stabilisierenden Grundregeln andererseits ist z. B. beim amerikanischen Online-Medienunternehmen Netflix zu beobachten, das seine weitgehend in heterarchischen Strukturen angestellten Mitarbeitenden auffordert, die firmeninternen Richtlinien für eine Freiheits- und Verantwortungskultur zu beachten, geschrieben auf 128 Charts in kurzen Texten und eindringlicher Sprache (McCord 2014).

Die Managementfunktion der Internen Kommunikation in Netzwerken bleibt in ihrer basalen Definition die Kommunikation mit organisationsinternen Bezugsgruppen, um ihr Alignment mit den grundlegenden Unternehmenszielen sicherzustellen. Sie wird hier aber ergänzt um das Ziel, die Eigenständigkeit der Teileinheiten im Netzwerk zu wahren, denn diese Eigenständigkeit bzw. die Fähigkeit zur Selbstorganisation ist differenzierendes Merkmal und Funktionsbedingung agiler Organisationen zugleich. In diesem Sinne ist die interne Kommunikation als internes Netzwerkmanagement zu verstehen.

Agilität als Erweiterung des Leadership-Konzepts: Transformational-agiler Stil und Führungskommunikation als integrierter Handlungsrahmen 5

Die Grundelemente agiler Führung (Buchholz und Knorre 2014) zeichnet dementsprechend einerseits ein hoher Grad an (formaler) Verbindlichkeit von inhaltlichen und handlungsleitenden Basisregeln aus – und zwar für sämtliche hierarchischen und heterarchischen Organisationseinheiten. Andererseits gründet agile Unternehmensführung auf unabhängigem, eigenverantwortlichem Handeln und Kollaboration der Netzwerkmitglieder (siehe Kap. 3). Das führt paradoxerweise dazu, dass auch die Grundregeln und sinnstiftenden Elemente letztlich einem Aushandlungsprozess unterworfen sind. D. h. sie selbst sind als kontingent zu betrachten, allerdings nicht in dem Maße, wie es beispielsweise geschäftsstrategische Entscheidungen sind. Das bewusste Inkaufnehmen, ja sogar der gezielte Einsatz von Paradoxien im Führungshandeln wird im Übrigen grundsätzlich als agilitätsfördernd angesehen (Lewis et al. 2014, S. 63 f.).

Im Führungskonzept des Leadership wird Organisationen mit hohem Veränderungsbedarf ein Führungsstil zugewiesen, der mit einer transformationalen Charakteristik ausgestattet ist. Er ist besonders in Situationen angemessen, in denen Führungskräfte die Arbeit oder Lösungsansätze ihrer Mitarbeiter zum Beispiel aufgrund von Expertenwissen oder auch im Kontext rascher Entscheidungsnotwendigkeit nicht im Detail beurteilen können (Rosenstiel 2003, S. 255). Leadership ist geprägt durch Vertrauen und setzt auf eine gemeinsame Zielerreichung des/der Führenden und der Geführten mit einem in der Regel altruistischen Handlungsverständnis. Denn im Gegensatz zur transaktionalen Führung handeln die Geführten nicht nach dem Marktprinzip der Nutzenmaximierung, sondern setzen ihre Fähigkeiten ein, weil sie dazu mit Visionen inspiriert und durch eine individuelle Wertschätzung motiviert werden (Rosenstiel 2003, S. 254). Die Geführten werden so angehalten, sich für höhere Ziele einzusetzen, die über ihre Eigeninteressen hinausgehen (ebd.).

© Springer Fachmedien Wiesbaden GmbH 2017   23
U. Buchholz und S. Knorre, *Interne Kommunikation in agilen
Unternehmen,* essentials, DOI 10.1007/978-3-658-16977-0_5

Der idealtypische transformationale Führungsstil mit seinen herkömmlichen Merkmalen – visionär, vertrauensbasiert und befähigend – deckt jedoch die oben genannten Anforderungen der Agilität nicht vollständig ab. Im Kontext des Agilitätskonzepts ist es daher sinnvoll, zusätzlich drei weitere Handlungsprinzipien aus dem Bereich der Organisationsgestaltung aufzugreifen, nämlich die inkrementell-iterative, die rekursive und die diskursive Führung (Buchholz und Knorre 2014). Diese Handlungsprinzipien zeigen ausnahmslos eine starke zusätzliche kommunikative Dimension auf. Führungsstil und Führungskommunikation verschmelzen hier in einem erweiterten Leadership-Konzept.

Dieses integrative Verständnis ist zweifelsohne bereits im traditionellen Konzept der transformationalen Führung angelegt – schließlich verlangt beispielsweise eine visionäre Führung ebenfalls eine in strategischer und operativer Hinsicht professionell angelegte Führungskommunikation. Im Rahmen der Agilität entsteht jedoch ein neuer starker Bezugsrahmen für die Betrachtung von Führungskommunikation als Bestandteil des erweiterten transformationalen Führungsstils, bei dem es um die Kommunikation von „Resilienzwissen" (Buchholz und Knorre 2014, S. 17) geht. Das sei im Folgenden näher ausgeführt.

5.1 Inkrementell-iterative Führung

Agile Führung ist auf schnellere Entscheidungen ausgerichtet, basierend auf agiler Organisation bzw. schnelleren Arbeitsprozessen (siehe Kap. 3). Führungskräfte, die Organisationen mit einer inkrementell-iterativen Entscheidungs- und Handlungskultur leiten wollen, stehen vor der Herausforderung, diese Kultur kommunikativ zu unterstützen und damit zugleich traditionelle Orientierungs- und Erklärungsmuster wenigstens teilweise aufzulösen. Denn sie verlangt zumindest in bestimmten Phasen der Unternehmens- und Produktentwicklung eine hohe Fehlertoleranz anstelle des absoluten Qualitätsanspruchs, das Bewusstsein für permanent mögliche Alternativen statt konsequentem Festhalten an einmal aufgestellten Plänen, Handeln in kurzen Zyklen statt Streben nach möglichst nachhaltiger Entwicklung. Dies alles sind neue Erklärungs- und Handlungsmuster, die von Führungskräften in kognitiver und emotionaler Hinsicht kommuniziert werden müssen, um eine kritische Masse von Mitarbeitenden für die neuen Formen der agilen Leistungsprozesse zu gewinnen.

5.2   Rekursive Führung

Führungspersönlichkeit und Organisation beziehen sich immer wieder auf sich selbst, d. h. diese Führung ist als rekursiv zu bezeichnen (Blum und Schmitt 2012, S. 41–53). Führungspersönlichkeiten, die diese Meta-Ebene ihrer Aktivitäten in Organisationen erkennen, verstehen zugleich, dass sie die Kommunikation maßgeblich gestalten und damit Einstellungen ihrer Mitarbeitenden beeinflussen können – selbst aber ebenfalls in ihrer Persönlichkeit von der Organisation und ihrer Kommunikation beeinflusst werden. Es geht um das Verständnis, dass sich Organisationen nur durch das Handeln inklusive Kommunizieren der Organisationsmitglieder verändern lassen. Das Handeln bzw. Kommunizieren der Führung ist dabei der stärkste Faktor der Veränderungsfähigkeit. Diese Schlussfolgerung ist aus vielen Erhebungen zum Change Management bekannt (etwa Capgemini 2012). Rekursive Führung verlangt die volle persönliche und medial vermittelte Präsenz. Rekursive Führung überprüft sich selbst und ihre Erklärungsmuster immer wieder anhand der Rückmeldungen aus der Organisation. So definiert stellt rekursive Führung das personalisierte Pendant zum Gegenstromprinzip (siehe Abschn. 4.1) als Maßnahme der agilen Organisationsgestaltung dar.

5.3   Diskursive Führung

Das Agilitätskonzept selbst ist als ein kommunikatives Konstrukt zu betrachten, das Führungskräfte durch ihr Handeln (einschließlich ihrer Kommunikation) im Unternehmen gestalten. Je effektiver Führungskräfte dieses Konstrukt in der Kommunikation mit ihren Mitarbeitenden gestalten, desto größer ist ihr Beitrag zur Widerstandsfähigkeit der gesamten Organisation. Führen heißt zu erklären, was Widerstandsfähigkeit ausmacht und warum sie wichtig für die Existenzsicherung des Unternehmens ist. Führen heißt zu interpretieren, welche interne Ressourcenkombination einen Wettbewerbsvorteil verspricht, wenn man sie agil genug einsetzt. Führen bedeutet schließlich, die internen und externen Beobachtungen und Meinungen der Organisationsmitglieder systematisch in die Konstruktion des unternehmensspezifischen Agilitätskonzepts einzubeziehen.

Kommunikation unter VUCA-Bedingungen: Der Beitrag des internen Kommunikationsmanagements zur strategischen Agilität 6

Die gesteuerte Kommunikation mit den Mitarbeitenden hat sich seit jeher den sich immer wieder verändernden Anforderungen der Organisation angepasst und sich weiterentwickelt, wenngleich sie eine zunächst zumindest in Ansätzen strategische Bedeutung für die Unternehmensführung erst gegen Mitte des letzten Jahrhunderts erhalten hat (vgl. Buchholz 2015, 2016). Seitdem legen mehr und mehr Unternehmen Wert auf eine gute Durchlässigkeit der internen Kommunikationsprozesse und setzen auf wirksame Kommunikationsbeziehungen zu den Mitarbeitenden, was insbesondere das Vertrauen in die Führungskräfte und die Unternehmensführung stärken soll (Mast 2016, S. 265; zur Entwicklung vgl. auch Huck-Sandhu 2015). Die Integration der Mitarbeitenden in das Unternehmensgeschehen dient insbesondere der Sicherstellung ihrer Bindung und der Erhöhung ihrer Aufmerksamkeit. Mittlerweile hat der Stellenwert der internen Kommunikation bereits dem der Marketingkommunikation und der Investor Relations den Rang abgelaufen (Mast 2016, S. 266).

Inzwischen stellen die Zusammenhänge von ökonomischen Notwendigkeiten und kommunikativen Anforderungen bei der Führung der Mitarbeitenden die Verantwortlichen für das interne Kommunikationsmanagement vor große Herausforderungen und machen ein hohes Maß an Professionalität erforderlich. Mast (2016, S. 266–268) identifiziert im Wesentlichen vier Gründe für den bemerkenswerten Bedeutungszuwachs: Mitarbeitende stellen einen Wettbewerbsvorteil dar und die dafür notwendigen Qualifikationen machen sie zu einer knappen Ressource. Sie nehmen nach wie vor eine Rolle als Kommunikatoren ein, die aber inzwischen auch einen großen Einfluss auf das Unternehmenswohl haben und sogar zu einem Risiko werden können. Die Digitalisierung der Kommunikation führt dazu, dass verstärkt in sozialen Medien diskutiert wird, was die Grenzen zwischen intern und extern zunehmend in beide Richtungen durchlässig macht.

© Springer Fachmedien Wiesbaden GmbH 2017

U. Buchholz und S. Knorre, *Interne Kommunikation in agilen Unternehmen*, essentials, DOI 10.1007/978-3-658-16977-0_6

Gleichzeitig ist das kommunikative Handeln der Mitarbeitenden immer weniger kontrollierbar. Es ist kaum zu verhindern, dass interne Vorgänge an die Öffentlichkeit gelangen, die eigentlich geheim gehalten werden sollten, oder Kritik publik wird, die so noch nie bekannt wurde, aber weil aus einer internen Quelle in der Öffentlichkeit sofort erhöhte Aufmerksamkeit erhält.

In agilen Unternehmen werden solche Kommunikationsbeziehungen zwischen Mitarbeitenden und externen Bezugsgruppen jedoch gefördert und die Mitarbeitenden direkt zur Kommunikation ermuntert, weil dies die Wachsamkeit gegenüber Veränderungen und Ideen für Innovationen fördert und das Risiko eines Missbrauchs als vergleichsweise gering eingeschätzt wird. Das grundsätzliche kommunikative Handeln ist auf Vertrauen, Kollaboration und Wertschätzung ausgelegt, was die Mitarbeitenden fest in das Unternehmensgeschehen integriert und für das Gedeihen der Geschäfte mitverantwortlich macht.

Die gesteuerte Kommunikation mit den Mitarbeitenden und Führungskräften setzt den Bedeutungsrahmen, in welchem Informationen interpretiert und Entscheidungen vorbereitet und getroffen oder überprüft werden. So schafft die interne Kommunikation im Grunde den Handlungsrahmen für die Führung der Geschäfte, was der Funktion „Interne Kommunikation" unmittelbar eine Position im General Management zuweist. Dabei muss sie in den meisten Fällen, wie in Kap. 4 dargelegt, sowohl ein hierarchisch organisiertes wie auch parallel ein heterarchisch angelegtes Steuerungssystem in einem Unternehmen adäquat bedienen. Für die Einrichtung und Steuerung der dazu notwendigen hochkommunikativen Prozesse bringt das interne Kommunikationsmanagement das nötige strategische und operative Know-how mit.

6.1   Orientierungssicherheit durch interne Kommunikation

Wo Mitarbeitende benötigt werden, die autonom und flexibel agieren, geht es um ein intelligentes Begleiten der organisationsinternen Arbeitsleistungen, wodurch die individuelle Ausführung der Arbeitsaufgaben unterstützt wird. Die Mitarbeitenden müssen sich für das Finden von Lösungen rasch vernetzen und gemeinsam Szenarien entwerfen sowie schnell und unter Umständen improvisiert handeln können. Dazu ist es wichtig zu wissen, wo im Unternehmen welches Know-how zu finden ist und auch, welche grundsätzlichen Handlungsprinzipien gelten, an denen sich Entscheidungen und Maßnahmen im vermittelten Bedeutungsrahmen orientieren sollen. Die Interne Unternehmenskommunikation muss hierzu die Orientierungspunkte setzen und sie immer wieder beleuchten. Denn Orientierung ist eine wesentliche Voraussetzung für die Handlungsfähigkeit und für die Integration in ein soziales System wie etwa das eines Unternehmens. Dabei ist dies kein primär kollektives Unterfangen, sondern gestaltet sich im Wesentlichen individuell durch das Zusammenwirken von kognitiven, affektiven und konativen Aspekten, und es wird beeinflusst von den Gegebenheiten des jeweiligen sozialen Systems (Huck-Sandhu 2013, S. 227–228). Auf der anderen Seite geschieht die individuelle Orientierung stets auch im Abgleich mit anderen Mitgliedern einer Organisation.

So muss die Interne Unternehmenskommunikation im übertragenen Sinn eine „Landkarte" anlegen, mit deren Hilfe sich Mitarbeitende und Führungskräfte beim Navigieren durch unbekanntes oder unwegsames Gelände orientieren können (Buchholz und Knorre 2012, S. 169). Inhalte und Formen der Kommunikation sollten so angelegt sein, dass sowohl kognitive als auch emotionale Wahrnehmungen möglich sind, damit die eigene Arbeitsleitung selbstständig „eingenordet" werden kann.

Die Interne Unternehmenskommunikation macht auf Wegweiser aufmerksam und unterstützt beim Navigieren, wo es die Lage nötig macht. Huck-Sandhu weist ihr im Rahmen dieser kommunikativen Orientierungsfunktion zwei Teilfunktionen zu, nämlich die Informationsfunktion und die Sozialisationsfunktion (2013, S. 237).

In ihrer Informationsfunktion selektiert sie Themen, schlüsselt sie auf und vermittelt sie an die Mitarbeitenden. Dies geschieht analog zu der von der Unternehmensführung gewünschten Orientierungsrichtung. In agilen Unternehmen darf es jedoch nicht dabei bleiben, denn dieses vertikal orientierte Vorgehen fördert den Erhalt von „blinden Flecken" (siehe Abschn. 3.3). Stattdessen muss die Interne Kommunikation die erwähnten „Landkarten" anlegen, mit deren Hilfe die Mitarbeitenden die erwartete Orientierungsrichtung zwar wahrnehmen können und ihr grundsätzlich folgen, diese Ausrichtung aber auch selbstständig immer wieder hinterfragen können und sollen. Ein entsprechender kognitiver Prozess kann unterstützt werden, indem es ausreichend und vielfältige Kommunikationsmöglichkeiten gibt, die den gegenseitigen Austausch fördern (siehe Abschn. 6.4). Wie solche „Landkarten" konzeptionell, inhaltlich und medial gestaltet werden können, ist unternehmensspezifisch zu beantworten und gehört zum wichtigen neuen Know-how der Internen Unternehmenskommunikation.

Auch im Rahmen ihrer Sozialisationsfunktion sorgt die internen Kommunikation für Austauschmöglichkeiten und macht „die Organisation als sozialen Raum erlebbar" (Huck-Sandhu 2013, S. 237). Das gilt für agile Unternehmen in besonderem Maße. Denn die Mitarbeitenden sind aufgrund ihrer größeren Selbstständigkeit noch mehr als in klassisch geführten Unternehmen darauf angewiesen, ihre individuelle Identität in der sich dynamisch verändernden Organisation sinn-voll verankern zu können.

6.2 Unterstützung von organisationaler Wachsamkeit und (Selbst-)Beobachtung

Die Gestaltung und Pflege der „Landkarte" ist die Basis für die in Kap. 2 darge-legten drei grundlegenden Dimensionen der Agilität, nämlich Wachsamkeit, Ver-netzung und Leadership mit ihren jeweiligen Merkmalen.

Zunächst muss die Interne Unternehmenskommunikation dafür Sorge tragen, dass die Organisation ein Bewusstsein für Wachsamkeit entwickelt und entspre-chende Outside-in-Kommunikationsprozesse anlegt und pflegt (Buchholz und Knorre 2012, S. 65 ff.; vgl. auch Schwägerl 2016, S. 4–6). Genauer gesagt müs-sen die Aktionen der relevanten Bezugsgruppen, die das Umfeld des Unterneh-mens gestalten, aufmerksam beobachtet und analysiert werden, gemäß Kotters Postulat „Bringing the Outside in" (2008, S. 63 ff.). Konzepte und Strategien sind stets im Abgleich mit äußeren Umständen wie etwa Wettbewerb, Kundenverhal-ten, Verschiebung von Märkten auf Relevanz zu überprüfen und gegebenenfalls zu verändern. Das kann aufgrund der VUCA-Herausforderungen aber nicht mehr ausschließlich Aufgabe der Führung sein. Das Gebot der Wachsamkeit, der Beob-achtung des Umfelds und der kritischen Reflexion der eingeschlagenen strate-gischen Richtung richtet sich grundsätzlich an alle Mitglieder der Organisation (ebd., S. 137).

Dabei gehört die professionelle Beobachtung des Umfelds vielerorts bereits zum Standard in der Unternehmenskommunikation, die die Aktionen wichtiger Bezugsgruppen insbesondere in den sozialen Medien im Auge behält und sich mit ihnen dort und auf eigenen Plattformen austauscht. Die Erkenntnisse werden, häufig mithilfe von Agenturen, gesammelt und kategorisiert. Oft fehlt es aber an einer systematischen Weiterverarbeitung der Daten, vor allem auch im Hinblick auf ihren Nutzwert für andere Organisationsbereiche. Es macht daher Sinn, Ver-fahren zu organisieren, mit denen die Erkenntnisse in das Unternehmen hinein kommuniziert werden, etwa als regelmäßiger Tagesordnungspunkt in den Füh-rungsgremien. (Buchholz und Knorre 2012, S. 65–72).

Mit Blick auf die Notwendigkeit einer wachsamen situativen Strategieführung ist es für die Unternehmensführung sinnvoll, das Potenzial der Mitarbeitenden mit ihren vielen Berührungspunkten zu verschiedenen Bezugsgruppen im exter-nen Umfeld zu nutzen. Dafür ist vor allem in hierarchisch geprägten Organisati-onen das Konzept der Führung im Gegenstromprinzip besonders geeignet (siehe

Abschn. 4.1). Die Interne Unternehmenskommunikation kann dieses Verfahren unterstützen, indem sie die Kommunikationsströme zwischen den Ebenen ergänzend zum eigentlichen Controlling- beziehungsweise Planungsverfahren daraufhin organisiert, dass die gewünschte situative Strategieentwicklung über einen kontinuierlichen vertikalen und horizontalen Gedankenaustausch befeuert wird. Es geht hierbei also um Themen und Fragestellungen, um Verfahren und Instrumente für einen systematischen Dialog und dafür geeignete regelmäßige reale oder virtuelle Begegnungsmöglichkeiten zwischen der Unternehmensführung und Mitarbeitenden.

6.3   Unterstützung von Leadership

Ein weiteres Handlungsfeld der Internen Unternehmenskommunikation ist die Unterstützung einer agilitätsorientierten Führungsphilosophie (siehe Kap. 5). Diese baut auf Vertrauen, Kollaboration und ein insgesamt transformationales Verständnis von Führung auf. Ein solches Leadership ist inspirierend, vermittelt Impulse statt Ansagen und balanciert die Bedürfnisse der Bezugsgruppen einschließlich der Mitarbeitenden mit den Anforderungen der Geschäftsziele aus. Wie bereits ausgeführt, ist ein essenzieller Aspekt agiler Unternehmensführung das eigenverantwortliche Handeln und das selbstständige, wenngleich gezielt geförderte Vernetzen der Organisationsmitglieder, was ganz im Sinne von Leadership immer wieder zu einem Aushandlungsprozess über Sinnhaftigkeit und Bedeutung führt. Im Hinblick auf die gewünschte Agilität ist aber genau das auch erwünscht, weil nur so Multioptionalität und Handlungsvarietät wirklich zum Tragen kommen.

Die Interne Unternehmenskommunikation muss nun dafür sorgen, dass geeignete reale oder virtuelle Plattformen für den Austausch genutzt werden können und dass die Mitarbeitenden sich mithilfe der „Landkarte" selbstständig orientieren können. Dazu sollten etwa komplexe Themen regelmäßig aufgeschlüsselt und inhaltlich und formal leicht verwertbar gemacht werden. Das schließt auch Beobachtungen aus dem externen Umfeld mit ein, die im Sinne der Outside-in-Kommunikation gesammelt, dokumentiert und aufbereitet werden. So fällt es den Organisationsmitgliedern leichter, eigene „blinde Flecken" zu entdecken und zu überbrücken, die in der allgemeinen Flut von Informationen leicht übersehen werden können.

Speziell den Führungskräften erleichtern gezielt aufbereitete Vorlagen die in Kap. 5 beschriebene diskursive Führung. Sie können Wirkungszusammenhänge darstellen und mit einer Interpretation versehen, statt schlicht wenige und/oder nicht zusammenhängende lineare Informationen oder Anweisungen weiterzugeben. Führungskräfte, die Themen diskursiv vermitteln, haben eine realistische Chance, für ihre Mitarbeitenden einen direkten Nutzen zu stiften, erzielen dadurch eine höhere Glaubwürdigkeit und lösen somit eine schnellere, gezieltere Handlung der Geführten aus (Buchholz und Knorre 2012, S. 169).

Das trifft ebenfalls auf die Koalition der Führungskräfte mit dem Topmanagement zu. Ein regelmäßig organisierter Austausch über die strategische Ausrichtung des Unternehmens und die damit verbundenen Ideen und Pläne der Leitung stärkt die Identifikation der gesamten Führungsmannschaft. Das Topmanagement muss unmittelbar erlebbar sein und so seine Wertschätzung dokumentieren können. Dies kann in kleinen Gruppen oder in einem großen Rahmen wie etwa einer Führungskräftekonferenz geschehen (Buchholz und Knorre 2013, S. 132 f.).

6.4 Unterstützung von Vernetzung

Die systematische Vernetzung des Topmanagements mit der Führungsmannschaft kann auch die in der rekursiven Führung (siehe Kap. 5) erwünschte starke Reflexion über aktuelle und zukünftige Situationen fördern, die einen Blick über den eigenen (operativen) Tellerrand ermöglicht und so der Bewältigung von Störfällen zugutekommt. Damit diese Reflexion aber auch der Steuerung des Unternehmens als Ganzes dient, muss dafür gesorgt werden, dass die Führungskräfte ihre individuelle Reflexion ihrerseits mit anderen Führungskräften teilen und abgleichen können. Das erleichtert in einer komplexen, sich kontinuierlich entwickelnden Umwelt die notwendige realistische Einschätzung von Gegebenheiten und Zukunftsszenarien, und es werden rasch realisierbare Alternativen geschaffen. Führungskräftetreffen in agilen Organisationen haben mithin nichts mehr mit den üblichen Sozialveranstaltungen zu tun.

Überhaupt spielt in agilen Unternehmen die Handlungsmaxime der Vernetzung aus den mehrfach erläuterten Gründen eine bedeutende Rolle. Netzwerke können dabei wie in Abschn. 4.3 erläutert ganz unterschiedliche Ausprägungen aufweisen. Als heterarchische Elemente in hierarchischen Organisationen sind sie in der Regel in ihren Zwecken und Ressourcen wenigstens zeitweise fest definiert und mit spezifischen Aufgaben betraut. In jedem Fall zählen sie zur (sichtbaren) Unternehmensarchitektur. Etwas anderes gilt für Netzwerke, die ausschließlich Gegenstand informeller Kommunikation sind und organisational betrachtet gerade nicht zur Unternehmensarchitektur gehören, aber dennoch essenziell für die Kollaboration sind. Sie sind daher von der Internen Kommunikation zu adressieren, stellen aber eine besondere Herausforderung dar, da sie sich, eben weil sie informell sind, nicht einfach steuern lassen. Mast sieht sogar gar keine Steuerungsmöglichkeit (2016, S. 191). Diese Netzwerke sind jedoch getragen von einem gemeinsamen Interesse, einer gemeinsam empfundenen Motivation. Typisch für sie ist eine Problemorientierung, die in Unternehmen über Funktionen, Status und Aufgaben hinweg Organisationsmitglieder nahezu hierarchiefrei zusammenführt. Die Teilnahme ist freiwillig und dient in erster Linie dem gegenseitigen Austausch zum Zweck der Informations- und Beziehungsgestaltung (Mast 2016, S. 195). Informelle Netzwerke sind daher klar nutzenorientiert, rufen gar „einen permanenten Nutzenzwang" hervor (ebd.). Wer sich in den Augen der Netzwerkmitglieder als nutzlos herausstellt, wird ausgeschlossen.

Deshalb ist es auch so schwierig für die Interne Kommunikation, bei der Mitgestaltung Fuß zu fassen. Netzwerkmitglieder können sich nur selbstständig finden und verknüpfen, und manchmal wird auch die als zentral ausgerichtet wahrgenommene Unternehmenskommunikation nur zögerlich zugelassen. Dennoch sollte sie ihre Unterstützung bei der Gestaltung der Beziehungen in Netzwerken intern wie nach extern immer wieder anbieten und Orientierungspunkte setzen, um auch hier die Aufmerksamkeit der Mitarbeitenden gegenüber den grundlegenden Unternehmenszielen und prozeduralen Regeln aufrechterhalten zu können. Was sie in jedem Fall machen sollte, ist, für geeignete Plattformen zu sorgen und, insbesondere wenn sie virtuell sind, ein Auge darauf zu haben, dass sie auch funktionieren.

Vielfältige Vernetzungsmöglichkeiten sind auch deshalb notwendig, um den organisationalen Blick auf wettbewerbsrelevante interne und externe Realitäten zu schärfen (vgl. Abschn. 3.3). Im gemeinsamen Abgleich von Beobachtungen, Meinungen und Erkenntnissen können die Netzwerkteilnehmer leichter Marktchancen und potenzielle Krisen ausmachen und Lösungen finden. Es bleibt nicht bei einer individuellen Betrachtung und Bewertung von Ereignissen oder Sachverhalten und einer Handlungsentscheidung aufgrund persönlicher Vorlieben oder Erfahrungen.

Realität, Wirklichkeit wird durch Sprache maßgeblich konstruiert (vgl. etwa Schwägerl 2016). Die Sprecher nehmen also im Grunde das wahr, was sie selbst sprachlich erfasst haben bzw. worüber sie sich mit anderen ausgetauscht haben. Je mehr Austauschmöglichkeiten es im Unternehmen gibt und je vielfältiger sie sind, umso reichhaltiger sind die Informationen und umso aussagekräftiger die ihnen gemeinsam zugewiesene Bedeutung. So können die Netzwerkteilnehmer im gegenseitigen Austausch die (möglichen) Folgen ihrer Handlungen auch auf Basis der Erkenntnisse und Verhaltensweisen der anderen reflektieren. Die Kommunikation in Netzwerken verschafft den Handelnden mehr Sicherheit im Sinne der Bewertung grundsätzlicher Zusammenhänge und fördert das transformational-agile Führungsverständnis, ohne den Weg zu individuellen und kreativen Entscheidungen zu versperren (Buchholz und Knorre 2014, S. 20). Der Beobachtung von Realität dienen selbstständig agierende Kommunikationsnetzwerke auch insofern, als die Netzwerkteilnehmer eine etwa über die Interne Kommunikation zentral vermittelte Bedeutung von Sachverhalten, die die Unternehmensführung für richtig und relevant hält und so auch kommuniziert, aus ihrer eigenen Wahrnehmung heraus interpretieren und bewerten kann (Das in Abschn. 4.1 erläuterte Gegenstromprinzip profitiert davon maßgeblich).

Die Interne Kommunikation sollte sich über diese Zusammenhänge im Klaren sein. Denn sie kann zwar als eine ihrer wesentlichen Aufgaben im Abgleich mit der Unternehmensführung „einen normativen Handlungs- und Interpretationsrahmen anbieten" (Schwägerl 2015, S. 211). Sie verhindert dadurch aber nicht, dass sich die Mitarbeitenden ihre eigene Arbeitswelt als Individuen oder in Abstimmung mit anderen sprachlich begründet selbstständig ordnen und ihre soziale Welt selbstständig deuten (ebd.). Das kann in rein hierarchisch geführten Unternehmen ein Problem sein, eine agile Unternehmensführung sieht in diesem Umstand jedoch einen Vorteil für die organisationale Entscheidungsfindung und erwartet eine gestalterische Unterstützung durch die Interne Kommunikation.

Insgesamt können Kommunikationsnetze vielfältig gestaltet sein. Mast (2016, S. 196 ff.) unterscheidet nach Größe, Inhalt, Funktion, Formalisierungsgrad und Vielfalt der Beziehungen. Die Interne Kommunikation sollte die Optionen in ihrem Unternehmen prüfen und je nach Bedarf und Möglichkeit Netzwerke anregen und mitgestalten.

Netzwerke in und von Unternehmen: Ein Ausblick auf die Netzwerkkommunikation als Erweiterung der internen Unternehmenskommunikation

Ob hierarchisch oder heterarchisch ausgerichtet oder als dynamische Mixform, alle hier dargestellten Organisationsformen verlangen nach effektiven und effizienten Entscheidungsfindungs- und Koordinationsmechanismen, die das Verhältnis zwischen Organisationsmitgliedern und Organisationseinheiten so ordnen und zugleich anfeuern, dass das Ergebnis der unternehmerischen Tätigkeit mehr ergibt als die Summe der Einzelteile.

Da es (noch) keinen abschließenden Kanon definierter Merkmale von agilen Organisationen gibt, werden die unterschiedlichen Ausprägungen auf einem Organisationskontinuum zwischen den Polen Hierarchie und Heterarchie angesiedelt, um die Beobachtungen zu systematisieren. Dabei wird davon ausgegangen, dass hierarchische und heterarchische Elemente innerhalb einer Organisation nicht nur parallel nebeneinander existieren können, sondern dass vielmehr eine enge Verzahnung beider Organisationsformen im Hinblick auf effektive Steuerung des Unternehmens durch ein zunehmend volatiles Umfeld geradezu geboten ist.

Als zukunftsweisende Netzwerkorganisationen werden beispielsweise die sogenannten wissensintensiven Unternehmen angeführt (Bullinger et al. 2009, S. 90). In wissensintensiven Unternehmen gibt es sowohl vertikal als auch horizontal selten klare Organisationsstrukturen. Die wenig standardisierten Arbeitsprozesse werden in offenen, d.h. nicht im Einzelnen definierten Netzwerkstrukturen geführt, eine klassische funktionale Arbeitsteilung ist kaum zu finden. Die Strategie- und vor allem Produktentwicklung wird verstärkt mit Impulsen von unten und von außen vorangetrieben, was eine stets hohe Aktualität der grundsätzlichen Wissensbasis des Unternehmens erforderlich macht. Wo wenig standardisierbare Prozesse vorherrschen und Unternehmensstrukturen fluide sind,

© Springer Fachmedien Wiesbaden GmbH 2017
U. Buchholz und S. Knorre, *Interne Kommunikation in agilen Unternehmen*, essentials, DOI 10.1007/978-3-658-16977-0_7

muss das Wissen des Unternehmens permanent aktuell gehalten werden (Bullinger et al. 2009, S. 90; Dillerup und Stoi 2013, S. 826; Wagner 2008). Aber auch hier gilt: „Die Herausforderung besteht darin, zwischen den Ausprägungen Zentralisierung und Dezentralisierung, Globalisierung und Lokalisierung oder Hierarchisierung und innovativen Netzwerkstrukturen je nach Situation oszillieren zu können" (Bullinger et al. 2009, S. 90).

In einem solchen Umfeld ist es für die Managementfunktion der Internen Unternehmenskommunikation wesentlich, dass sie den Grundsatz der Vernetzung in die DNA der hierarchischen Organisation einpflanzen kann. Ob in einer grundsätzlich zentralen Organisationsstruktur mit variierenden mehr oder weniger dezentralen Einheiten oder in einem multisystemisch organisierten Unternehmen mit zahlreichen, variierenden, weitreichend autonomen Teilbereichen – die Unternehmensmitglieder müssen zum Zweck der Kollaboration und der Verständigung auf grundsätzliche gemeinsame Ziele miteinander vernetzt werden. Die Interne Unternehmenskommunikation muss also auf der Basis einer vergleichsweise stabilen Werte- und Zielvorstellung einen beständigen Dialog ermöglichen, Interaktionsmöglichkeiten auf vertikal und horizontal wirksamen Plattformen schaffen, welche Unternehmensrealität erlebbar und dadurch verständlich machen. Dabei sind informelle Netzwerkstrukturen (Abschn. 6.4) aktiv mit einzubeziehen, ihre Existenz wird nicht als Bedrohung von Entscheidungsprozessen, sondern als Bereicherung im Sinne der agilen Unternehmensführung gesehen. Allerdings lösen sie tendenziell neue Koordinierungsaufgaben aus, was allerdings noch der weiteren Beobachtungen bedarf. In Summe geht es unter der Prämisse, dass weiterhin basale hierarchische Strukturen die Unternehmenspraxis prägen werden, um die Konzeption und Betreuung eines kontinuierlichen Gegenstromprinzips als Rückgrat der Führungskommunikation, was zugleich auf die Kommunikation zwischen Führungskräften und Mitarbeitenden generell ausgeweitet werden kann.

Für überwiegend heterarchisch geprägte (Netzwerk-)Organisationen sind solche kommunikativen Entscheidungsfindungs- und Koordinationsmechanismen noch weiterzuentwickeln, damit sie – wie im Falle der hierarchischen Organisation – ebenfalls zu einem erfahrungsbasierten Kanon des allgemeinen Managements werden können. Insofern erfährt die Managementdisziplin der Internen Unternehmenskommunikation (Buchholz und Knorre 2013) als Kommunikation in agilen Organisationsformen ebenfalls eine substanzielle Erweiterung ihres Verantwortungsbereichs.

Die Interne Kommunikation wird im engen Kontext der aktuellen Managementlehre, hier dem Agilitätskonzept, neu verortet (siehe Tab. 7.1). Die Grundüberlegung dieser konzeptionellen Weiterentwicklung besteht darin, Modelle der Managementlehre bzw. Unternehmensführung und Modelle des Kommunikationsmanagements

Tab. 7.1 Das Agilitätskonzept als integrierter Handlungsrahmen für Unternehmensführung und -kommunikation

Agilität als Handlungs und Führungskonzept		
Wie lässt sich Agilität als Unternehmenskultur verankern? - Kontingenz und ungeplante Richtungswechsel akzeptieren und nutzen - Vernetzung und Kollaboration fördern - Freiraum für eigenständiges Handeln schaffen - Verantwortung für Wachsamkeit teilen		
Organisationskonzept: **Welche Organisationsformen ermöglichen Agilität?**	**Führungskonzept und stil:** **Welches Konzept von Führung ist notwendig, um agiles Handeln zu unterstützen?**	**Internes Kommunikationsmanagement** **Welche führungsunterstützenden Leistungen erbringt die Managementfunktion der Internen Kommunikation?**
- Hierarchien mittels interner Kommunikation durchlässiger machen und flexiblere Ressourcenkombinationen ermöglichen - hierarchische und heterarchische Organisationsformen miteinander kombinieren und kommunikativ verbinden - Netzwerkorganisation mit teilautonomen Einheiten auf der Basis von Grundregeln und -werten einrichten	Leadership: - unternehmerische Vision/ Deutungshoheit über Kernbotschaften - Gestaltungs- und Veränderungswille gepaart mit Offenheit für Richtungswechsel - Vorbild und Persönliche Präsenz Transformational-agiler Stil: - visionär - vertrauensbasiert - befähigend - inkrementell-iterativ - rekursiv - diskursiv	- kommunikativen Austausch zwischen hierarchischen und heterarchische Organisationssystemen bzw. -einheiten herstellen; Ergebnisse sichern und teilen - Silo-Busting in Hierarchien organisieren - Outside-in-Kommunikation systematisch pflegen - Gegenstrom-Kommunikation als Instrument der situativen und Strategieentwicklung nutzen - Plattformen für formelle und informelle Vernetzung von Mitarbeitern und Organisationseinheiten schaffen - zentrale Werte, Ziele und Strategien bzw. Kernbotschaften und Leitbilder formulieren - daraus „Landkarten" mit Orientierungsfunktion entwickeln - weitere unternehmensspezifische führungsunterstützende Maßnahmen aller Art

bzw. der Unternehmenskommunikation so miteinander zu verzahnen, dass ein neues, kommunikationsbasiertes Handlungs- bzw. Führungskonzept für agile Organisationen entsteht. Ein solcher interdisziplinärer Ansatz kann nicht zuletzt mit den theoretischen Ansätzen der „Communicative Constitution of Organizing" – Perspektive (siehe etwa Schoeneborn et al. 2014) den vorrangig ökonomisch begründeten Konzepten (z. B. zum Netzwerk- oder Komplexitätsmanagement) zusätzliche Impulse geben. Wer Organisation als kommunikatives Handeln versteht, der kann ganz im Sinne einer agilen Organisation darüber Auskunft geben, wie emergente Effekte für Innovationen aller Art zu nutzen sind (Duwe 2016) und trotz Kontingenz und Paradoxien verbindliche, sinnstiftende Entscheidungen getroffen werden können.

Dieser Gedanke führt zugleich zu einem erweiterten Verständnis von Leadership inklusive der Führungskommunikation. Insgesamt handelt es sich also um ein komplexes, organisationsbezogenes und zugleich integratives Verständnis von Führung und interner Kommunikation, das an alle Akteure hohe Anforderungen an ihr praktisches Handeln bzw. ihre dynamischen Fähigkeiten (Duwe 2016, S. 93) stellt. Das ist vielleicht das einfachste und zugleich weitreichendste Fazit: Unternehmensführung in einem VUCA-Umfeld wird komplexer und zugleich unsicherer in ihren Erfolgsaussichten – und das gilt zugleich für alle führungsunterstützenden Funktionen einschließlich der Internen Kommunikation.

Schluss

8

Agilität als Handlungsmaxime stammt ursprünglich aus der digitalen Wirtschaft bzw. Softwareentwicklung, wird aber inzwischen branchenübergreifend als Imperativ der Unternehmensführung in einem VUCA-Umfeld verstanden, der die Team-, Projekt- und Unternehmensebene gleichermaßen betrifft. Agilität ist aus dem (IT-)Projektmanagement kommend zunächst als ein methodengetriebenes Handlungskonzept konzipiert, das sich um die (normative) Zielvorstellung der Kollaboration dreht. Als Führungskonzept ist Agilität aber vorrangig als Haltung bzw. strategisches Grundverständnis der Führungshandelnden zu verstehen. Leadership wird in diesem Zusammenhang zu einem zentralen Desiderat agiler Unternehmensführung. Es können vielfältige hybride Handlungs- und Organisationsformen beschrieben werden, die zwischen plandeterminierten und situativem Handeln bzw. zwischen Hierarchie und Heterarchie angesiedelt sind.

In diesem *essential* wurde der Versuch unternommen, diese konzeptionellen Ansätze so zu verdichten, dass Agilität als integriertes Organisations-, Handlungs-, Führungs- und Kommunikationskonzept sichtbar wird, das maßgeblich von den Leistungen der internen Kommunikation abhängt bzw. durch selbige konstituiert wird. Dabei verschiebt sich das Beobachtungsobjekt von der überwiegend hierarchisch organisierten Unternehmung in Richtung der Netzwerkorganisationen in ihren unterschiedlichen Ausprägungen einschließlich der Frage, wie deren Koordinations- und Kommunikationsmechanismen funktionieren. Mitarbeitende in Netzwerkorganisationen sind grundsätzlich mit der Anforderung konfrontiert, über die Zwecke und Ziele des Netzwerkes orientiert zu sein, um auf dieser verbindlichen Grundlage agil, sprich wachsam, kreativ und kollaborativ handeln zu können. In diesem Gesamtkonzept wird die Interne Kommunikation als führungsunterstützende Managementfunktion neu verortet und mit einem erweiterten Aufgaben- und Aktionsradius beschrieben, wozu etwa die Bereitstellung des erforderlichen Meta-Wissens gehört.

© Springer Fachmedien Wiesbaden GmbH 2017
U. Buchholz und S. Knorre, *Interne Kommunikation in agilen Unternehmen*, essentials, DOI 10.1007/978-3-658-16977-0_8

Was Sie aus diesem *essential* mitnehmen können

- Wertschöpfung in der VUCA-Welt benötigt eine auf Agilität ausgerichtete Interne Kommunikation.
- Agile Unternehmensführung hängt ihrerseits von interner (Führungs-)Kommunikation ab.
- Heterarchische Organisationsformen wie Netzwerke verlangen eindeutige Regeln und emergentes Handeln, um ihr Potenzial ausschöpfen zu können.
- Interne Kommunikation wird theoretisch und praktisch, strategisch und operativ deutlich komplexer als die bisherigen Konzepte es suggeriert haben.

© Springer Fachmedien Wiesbaden GmbH 2017   41
U. Buchholz und S. Knorre, *Interne Kommunikation in agilen Unternehmen*, essentials, DOI 10.1007/978-3-658-16977-0

Literatur

ACE – Allied Consultants Europe. (2010). Unternehmensagilität: Die neue Normalität. Wie Sie die Agilität Ihres Unternehmens messen und verbessern können. http://www.abegglen.com/fileadmin/download/Agility_Studie.pdf. Zugegriffen: 24. Sept. 2016.

Anderson, K., & Uhlig, J. (2015). *Das agile Unternehmen: Wie Organisationen sich neu erfinden. Mit vielen Beispielen aus der Praxis bekannter Topmanager.* Frankfurt: Campus.

Blum, G., & Schmitt, M. (2012). Differentielle und Persönlichkeitspsychologie. In M. Maier, F. Schneider, & A. Retzbach (Hrsg.), *Psychologie der internen Organisationskommunikation* (S. 41–53). Göttingen: Hogrefe.

Buchholz, U. (2015). Interne Unternehmenskommunikation. In R. Fröhlich, P. Szyszka, & G. Bentele (Hrsg.), *Handbuch der Public Relations. Wissenschaftliche Grundlagen und berufliches handeln* (3. Aufl., S. 831–850). Wiesbaden: Springer VS.

Buchholz, U. (2016). Auf dem Weg vom Mauerblümchen zum integralen Bestandteil des General Managements: Eine Standortbestimmung der internen Kommunikation. In S. Huck-Sandhu (Hrsg.), *Interne Kommunikation im Wandel. Theoretische Konzepte und empirische Befunde* (S. 41–52). Wiesbaden: Springer VS.

Buchholz, U., & Knorre, S. (2012). *Interne Unternehmenskommunikation in resilienten Organisationen.* Heidelberg: Springer.

Buchholz, U., & Knorre, S. (2013). *Grundlagen der Internen Unternehmenskommunikation* (2. überab. und erweiterte Aufl.). Berlin: Helios.

Buchholz, U., & Knorre, S. (2014). Leadership reloaded: Führungskommunikation in resilienten Organisationen. In G. Bentele, M. Piwinger, & G. Schönborn (Hrsg.), *Kommunikationsmanagement. Strategien, Wissen, Lösungen (Loseblattsammlung, Lieferung 3.102).* Neuwied: Luchterhand.

Bullinger, H.-J., & Warnecke, H. J. (2013). *Neue Organisationsformen im Unternehmen. Ein Handbuch für das moderne Management.* Berlin: Springer.

Bullinger, H.-J., Spath, D., Warnecke, H.-J., & Westkämper, E. (Hrsg.). (2009). *Handbuch Unternehmensorganisation. Strategien, Planung, Umsetzung* (3., neu bearb. Aufl.). Berlin: Springer.

Capgemini. (2012). Consulting: Digitale Revolution. Change Management Studie. https://www.de.capgemini-consulting.com/resource-file-access/resource/pdf/change_management_studie_2012_0.pdf. Zugegriffen: 15. Sept. 2016.

© Springer Fachmedien Wiesbaden GmbH 2017
U. Buchholz und S. Knorre, *Interne Kommunikation in agilen Unternehmen*, essentials, DOI 10.1007/978-3-658-16977-0

Castells, M. (2003). *Das Informationszeitalter. Bd. 1. Der Aufstieg der Netzwerkgesellschaft* (Nachdruck der 1. Aufl.). Opladen: Leske + Budrich.

Conforto, E., Rebentisch, E., & Amaral, D. (2014). The building blocks of agility as a team's competence in project management. http://hdl.handle.net/1721.1/88105. Zugegriffen: 25. Sept. 2016.

Deloitte. (2015). Tech trends 2015. The fusion of business and IT. http://www2.deloitte.com/content/dam/Deloitte/au/Documents/technology/deloitte-au-technology-tech-trends-2015-placemat-031115.pdf. Zugegriffen: 16. Sept. 2016.

Dillerup, R., & Stoi, R. (2013). *Unternehmensführung* (4., kompl. überarb. u. erw. Aufl.). München: Vahlen.

Döring-Seipel, E., & Lantermann, E.-D. (2015). *Komplexitätsmanagement. Psychologische Erkenntnisse zu einer zentralen Führungsaufgabe.* Wiesbaden: Springer Gabler.

Doz, Y. L., & Kosonen, M. (2010). Embedding strategic agility: A leadership agenda for accelerating business model renewal. *Long Range Planning, 43*(2), 370–382.

Duwe, J. (2016). *Ambidextrie. Führung und Kommunikation. Interne Kommunikation im Innovationsmanagement ambidextrer Technologieunternehmen.* Springer Gabler: Wiesbaden.

Förster, K., & Wendler, R. (2012). Theorien und Konzepte zu Agilität in Organisationen. *Dresdner Beiträge zur Wirtschaftsinformatik, Nr. 63(12).* Dresden: Techn. Univ., Fak. Wirtschaftswiss.

Hamel, G. & Välinkangas, L. (2004). Das Streben nach Erneuerung. In Harvard Business Manager (Hrsg.), *Change Management – So schaffen Sie die Wende* (4. Aufl., S. 7–21). Hamburg: Spiegel-Verlag.

Horváth, P., Gleich, R., & Seiter, M. (2015). *Controlling* (13. Aufl.). München: Vahlen.

Huck-Sandhu, S. (2013). Orientierung von Mitarbeitern. Ein mikrotheoretischer Ansatz für die interne Kommunikation. In A. Zerfaß, L. Rademacher, & S. Wehmeier (Hrsg.), *Organisationskommunikation und Public Relations. Forschungsparadigmen und neue Perspektiven* (S. 223–245). Wiesbaden: Springer VS.

Huck-Sandhu, S. (2015). Interne Kommunikation im Wandel: Entwicklungslinien, Status Quo und Ansatzpunkte für die Forschung. In S. Huck-Sandhu (Hrsg.), *Interne Kommunikation im Wandel. Theoretische Konzepte und empirische Befunde* (S. 1–19). Wiesbaden: Springer VS.

Karmasin, M., & Weder, F. (2014). Stakeholder-Management als kommunikatives Beziehungsmanagement: Netzwerktheoretische Grundlagen der Unternehmenskommunikation. In A. Zerfaß & M. Piwinger (Hrsg.), *Handbuch Unternehmenskommunikation* (2. vollst. überarb. Aufl., S. 81–103). Wiesbaden: Springer Gabler.

Knorre, S. (2012). Interne Unternehmenskommunikation aus der Perspektive organisationaler Resilienz. In G. Bentele, M. Piwinger, & G. Schönborn (Hrsg.), *Kommunikationsmanagement. Strategien, Wissen, Lösungen (Loseblattsammlung, Lieferung 3.90).* Neuwied: Luchterhand.

Kotter, J. P. (2008). *A sense of urgency.* Boston: Harvard Business Press.

Kotter, J. P. (2012). Accelerate! *Harvard Business Review, 90*(11), 45–58.

Krizanits, J. (2015). Der Tanz mit der Komplexität. *Organisationsentwicklung. Zeitschrift für Unternehmensentwicklung und Change Management, 4,* 42–48.

Lang, M., & Scherber, S. (Hrsg.). (2015). *Agiles Management: Innovative Methoden und Best Practices*. Düsseldorf: Symposion.

Lewis, M. W., Andriopoulos, C., & Smith, W. K. (2014). Paradoxical leadership to enable strategic agility. *California Management Review, 56*(3), 58–77.

Mack, O., Khare, A., Kramer, A., & Burgartz, T. (Hrsg.). (2016). *Managing in a VUCA world*. Switzerland: Springer International Publishing.

Mast, C. (2016). *Unternehmenskommunikation* (6. Aufl.). Konstanz: UVK.

McAfee, A. P. (2006). Enterprise 2.0. The dawn of emergent collaboration. *MIT Sloan Management Review, 47*(3), 21–28.

McCord, P. (2014). How netflix reinvented HR. Harvard Business Review. https://hbr.org/2014/01/how-netflix-reinvented-hr. Zugegriffen: 10. Aug. 2016.

Nowotny, V. (2016). *Agile Unternehmen – fokussiert, schnell, flexibel: Nur was sich bewegt, kann sich verbessern*. Göttingen: Business Village GmbH.

Penrose, E. (2009). *The theory of the growth of the firm*. Oxford: Oxford University Press. (Erstveröffentlichung 1959).

PMI. (2012). Organizational agility. http://www.pmi.org/-/media/pmidocuments/public/pdf/white-papers/org-agility-where-speed-meets-strategy.pdf. Zugegriffen: 15. Sept. 2016.

Rosenstiel L. von (2003). *Grundlagen der Organisationspsychologie. Basiswissen und Anwendungshinweise*. 5., überarb. Aufl. Stuttgart: Schäffer-Poeschel.

Scherber, S., & Lang, M. (Hrsg.). (2015a). *Erfolgsfaktoren wirklich agiler Unternehmen: Erfahrungsberichte aus der Praxis*. Düsseldorf: Symposion.

Scherber, S., & Lang, M. (Hrsg.). (2015b). *Agile Führung: Vom agilen Projekt zum agilen Unternehmen*. Düsseldorf: Symposion.

Schoeneborn, D., Blaschke, S., Cooren, F., McPhee, R. D., Seidl, D., & Taylor, J. R. (2014). The three schools of CCO thinking: Interactive dialogue and systematic comparison. *Management Communication Quarterly, 28*(2), 285–316.

Schreyögg, G., & Geiger, D. (2016). *Organisation. Grundlagen moderner Organisationsgestaltung* (6. Aufl.). Wiesbaden: Gabler.

Schwägerl, C. (2015). Diagnostik interner Kommunikation: Zur Erforschung der Lücke zwischen Wirklichkeitskonstruktion und Gesprächswirklichkeit. In S. Huck-Sandhu (Hrsg.), *Interne Kommunikation im Wandel. Theoretische Konzepte und empirische Befunde* (S. 199–213). Wiesbaden: Springer VS.

Schwägerl, C. (2016). *Alumni-Netzwerke von Unternehmen. Theoretische und praktische Perspektiven*. Wiesbaden: Springer Gabler.

Statista. (2016). Top Ten Unternehmensberatungen weltweit nach Umsatz im Jahr 2009. http://de.statista.com/statistik/daten/studie/186139/umfrage/top-10-unternehmensberatungen-weltweit-nach-umsatz/. Zugegriffen: 4. Sept 2016.

Sydow, J. (2010). Management von Netzwerkorganisationen. Zum Stand der Forschung. In J. Sydow (Hrsg.), *Management von Netzwerkorganisationen* (5. Aufl., S. 373–470). Wiesbaden: Gabler.

Wagner, K. (2008). Systematik zur Gestaltung und Optimierung von wissensintensiven, kooperativen Problemlösungsprozessen in der Produktentwicklung. Heimsheim:

Jost-Jetter Verlag; zugl.: Stuttgart, Univ., Diss. http://elib.uni-stuttgart.de/opus/volltexte/2008/3565/. Zugegriffen: 4. Sept. 2016.

Wimmer, R. (2011). Die Zukunft des Change Managements. *OrganisationsEntwicklung, 4,* 16–20.

Winkler, P. (2016). Grenzen der Flexibilisierung? Bedeutung, Herausforderungen und Konsequenzen der Heterarchie für die interne Kommunikation. In S. Huck-Sandhu (Hrsg.), *Interne Kommunikation im Wandel* (S. 85–102). Wiesbaden: Springer.